凡例

・原文イタリックは書籍の場合は『　』、絵画の場合は《　》で括り、強調の場合は傍点を付した。外国語や慣用としてのイタリック使用の場合はこのかぎりでない。
・原文《　》は「　」に変え、パーレンは（　）のままとした。
・［　］は引用にたいする著者による補註・原語の挿入、〔　〕は訳者による補註・原語の挿入である。
・本文中で引用ないし言及されているテクストのうち、邦訳のあるものについては可能なかぎりこれを参照した。ただし若干表記を変えたり、アガンベンの引用に即して忠実に訳し直した場合もある。

王国と楽園

カンディードはこう答えた。

「御説ごもっともですが、われわれは自分の庭を耕さなくてはなりません」。

第一章　悦楽の園

1.1.　一九四七年、オランダの雑誌『カストルム・ペレグリニ』に集う知識人グループのメンバーだったヴィルヘルム・フレンガー[1]は、プラド美術館所蔵のヒエロニムス・ボス作の三連画《悦楽の園》について新しい解釈を発表した。フレンガーによると、この謎めいた三連画の意味が明らかになるのは、作品が生まれた神学的な文脈、すなわち、注文主でインスピレーション源でもあったヤーコプ・ファン・アルマンヒェンが信奉していた「自由心霊兄弟団」あるいは「智者たち（homines intelligentiae）[2]」をめぐる異端との関連においてである。その信奉者たちが表明していたものとは、霊の完璧さは王国の到来とともにある、すなわち、かつて地上楽園で人間が享受していたエデンの無垢さの回復と合致する、ということであった。三連画の人物像たちの詳細な解釈を締めくくりつつ、フレンガーは以下のように書いている。

　霊の王国は復興され、永遠の福音は血となり肉となった。無数の人間たちが両眼を見開いて、霊の王国を受肉し、楽園の無垢な状態のなか地上に生きている［……］。自由心霊兄弟団の信奉者たちは、常日頃から、全面的に神に捧げられた自分たちの敬虔な共同生活を「楽園」と呼んだが、この「楽園」という語は彼らにとって「愛の真髄」を意味していた。三連画の中央パネルに描かれた「楽園」は、まさしくこの意味において理解されなければならない。ここでわたしたちが驚きの目で眺めるのは、理想化された現実であり、あらゆる細部にいたるまでリアルにしてかつ神秘的で象徴的でもある「現在」なのだ。この即時性こそが、三連画の構図を決定しているのだ。ここにおいて、万物の起源とされるエデンと、原初の状態を取り戻したユートピア的な未来の「楽園」とのあいだには、時間的な順序もなければ、いかなる断絶もない。そこにあるのはむしろ、同じ意識状態の完全な同時性である（Fraenger, pp. 149–151）。

それゆえ、まさしくその研究の冒頭でフレンガーが、ボスの絵の言い慣らわされたタイトル「悦楽の園」に替えて、予想外の標題「至福千年の王国（das tausendjährige Reich）」を提案しているとしても、驚くにはあたらない。いわく、「こんにちまで《悦楽の園》として知られてきた、マドリッドにある《至福千年の王国》［……］」（p. 19）、と。とはいえ、神学的で政治的なテーマに関連する「王国」というタイトルが、その意味で地上楽園にあるアダムの住まいと密接に結びついていることは、ここで軽視されてはならない。

まさしくこの神学的なパラダイム、エデンの園は、もともと神学的な考察において顕著な位置を占めていたのだが、それにもかかわらずこれまで、西洋思想の伝統の周縁部へと追いやられてきた。というわけで、本論が系譜学的な輪郭を描こうとするものこそ、このパラダイムである。王国が、そのオイコノミア－三位一体的[3]な様態と合わせて、世俗権力の形式と構造に影響力をもちつづけてきたのとは裏腹に、楽園は、その根本的に政治的な使命（人間の幸福な住まいはエデンに「据えられて」きたのだから）にもかかわらず、世俗権力とは本質的に無関係とされてきた。これまで、明らかに異端的な共同体のモデルの着想源をエデンの楽園から引き出そうとした集団もいるにはいたが、たいていは支配的な権力によってその政治的な意味合いが帳消しにされてきた。しかしながら、フレンガーの仮説が示唆しているように、楽園と王国とは区別できないばかりでなく、しばしば密接に絡み合っているのであり、両者の絡み合いと分岐点を探ることは、西洋の権力分布図を新たに描き出す有意義な仕事になると考えられるのである。

1.2.

「楽園（paradiso）」という語はわたしたちになじみ深いものだが、その歴史は、ひとつの言語から別の言語への置き換えの変遷である。それはまるで、異邦の用語が何らかの理由でそのつど翻訳不能とみなされてきたか、あるいは、はっきりそれと対応する語をできれば避けようとしてきたかのようである。ギリシア語の「パラデイソス（paradeisos）」という用語は、クセノポンに初めて登場し、ラテン語では「パラディスス（paradisus）」と表記されるが、古典語の辞書によると、ゾロアスター教の聖典集『アヴェスター』の「パイリダエツァ（pairidaeza）」を借用したもので、柵で囲まれた広い庭を指している（pairi は「周囲」を、daeza は「壁」を意味する）。「庭」を意味するギリシア語「ケポス（kepos）」を使う代わりに、イランの用語を転用することで、クセノポンは、彼が大いに執着しているように思われるペルシアの事例に精通していることを誇示しようとしたのである。それはこんにちでも、外国語に通じた専門家たちが、エキゾチックな用語を訳さないまま残しておくのと似ている。いずれにしても確かなのは、このギリシア・イランの新造語が、キリスト教神学にその本質的な専門用語のひとつを提供し、さらに、西洋の想像力に永続的な幻影のひとつを投じることになるだろうとは、クセノポンには予想だにできなかっただろう、ということである。一種の民族史的小説である『キュロスの教育』のなかでクセノポンは、キュロスの祖父アステュアゲスが野生動物の狩りをしていた庭を「パラデイソス」と呼んでいる。王となったキュロスは、地方総督たちに命じて「パラデイソス」を設置させ、そのお供の貴族たちが狩りをすることで、戦闘のための訓練ができるようにした。「なぜなら、狩りは戦争へのもっとも有効な準備になると、王は考えていたからである。［……］そこで宮殿にとどまらなければならないときはいつも、その「パラデイソス」で獣の狩りをしていたのである」（VIII, 1, 34-38）。このようにギリシア語のなかにはじめて「楽園」が現われたとき、それは狩りや戦争と関連していたのだが、このことは銘記しておくとしても、同じクセノポンが、後に西洋における「楽園」の範例になるのとかなり近い意味で「パラデイソス」を用いているのは、むしろ、ギリシア文化で広く読まれてきた著作『オイコノミクス——家政について』のほうである。スパルタの武将リュサンドロスが語るところによると、小キュロスは彼にサルディにある「パラデイソス」を披露したのだが、そこには、調和のとれた幾何学によって、完璧な直線上に等間隔で木々が植えられ、「散策のあいだも、とりどりのかぐわしい香りに包まれていた」という。そのためリュサンドロスは、「ああキュロスよ、かくも美しいゆえに君をたたえるが、さらに愛でるべきは、これらすべてを構想し命じた者である」、と叫んだほどであった。するとキュロスが応えて言うには、「わたしがこれらの木々すべてを構想し命じたのであり、しかもその多くはわたし自身の手で植えたのです（ephyteusa autos）」、と（*Oeconomicus*, 4, 20–23）。

1.3. この用語の歴史にとってあらゆる意味で決定的な出来事となったのは、七十人訳聖書において、『創世記』（2: 8）に出てくるヘブライ語の gan の訳語に、ギリシア語の「パラデイソス」が選ばれたことである（つづく各節であと八回登場する）。いわく、「さらに神はエデンに園を設けた（Kai ephyteusen kyrios ho theos paradeison en Edem）」。この選択の理由を説明しようとする試みはどれも一貫性を欠くものである（たとえば、ヤン・N・ブレマーのように、『創世記』［3: 23］の「悦楽の園（paradeisos tēs tryphēs）」という表現を、プトレマイオス朝エジプトの君主や王女たちの名前トリフォネやトリフェナに結びつけるにいたっては、まったく恣意的である

[Bremmer, pp. 53-54]）。確認できるのはただ、ヘブライ語 gan を訳すにあたって七十人訳聖書の訳者たちが、一般的な「ケポス」に代わって、より珍しい語をあえて選んだということだけである。この語は、系譜的に威厳や名声、動物たちや水の存在に結びついているため、神によって据えられた園によりふさわしい、というわけである。

いずれにしても、『創世記』以外の七十人訳聖書においてもこの用語が使われている例を検討してみて明らかになるのは、この用語が特有の意味を帯びていて、多かれ少なかれ常にはっきりと「神の園」を示しているということである。この連関は『エゼキエル書』の「神の園の悦楽のなかにある美しさの冠（en tē tryphē tou paradeisou tou theou）」（28: 13）において明白である。さらに同書にはまた、「神の悦楽の園にある木々のすべて（tou paradeisou tēs tryphēs tou theou）」（31: 9）ともある。『ヨエル書』によると「彼らの来る前の土地は悦楽の園のようである」（2: 3）。楽園が川と結びついている『民数記』では、「陰になった森のよう、川のほとりの園のよう（osei paradeisoi epi potamoi）」（24: 6）であるという（ちょうど、ピソンとギホン、チグリスとユフラテの四つの流れがエデンから注いでいるという『創世記』[2: 10-14]のように）。とりわけ重要なのは、「パラデイソス」が「ケポス」と同時に対照的に使われている次の二つのくだりである。まずひとつ目によると、「彼らは望んでいた庭を恥じるようになり（epi tois kēpois autōn）」、木々は、打ち倒された樫の木や、水の涸《か》れた園のようになるだろう（hos paradeisos hydor mē echōn）」（『イザヤ書』1: 29-30）。ここで「ケポス」はいわゆる一般的な庭で、水がないこともありうる。

これにたいして、神の園たる「パラデイソス」は、定義上、水がないということはありえない。二つ目のくだりもまた同じく示唆的なもので、『雅歌』（4: 12-13）に見られる。すなわち、「妹にして花嫁、汝は閉ざされた庭（kēpos kekleismenos）、閉ざされた庭、［……］汝の新芽は高い木々の果実の実る川の園（paradeisos roōn）」。ここでは、「閉ざされた庭（hortus conclusus）」の禁断のイメージにたいして、「見るも麗しい（ōraion eis orasis）」ばかりか「食べても美味な（kalon eis brosin）」［『創世記』2: 9］果実のある悦楽の園のイメージが対比されているのである。

1.4. 同じく意味深長なのは、ヒエロニムスが〔五世紀初めに完成させたそのラテン語訳ウルガタ聖書において〕いささかの躊躇もなく、ヘブライ語聖書の「エデン」という語を「快楽（voluptas）」と訳そうとする身振りである。「神はまずはじめに快楽の園を据えた（plantavit autem Deus paradisum voluptatis a principio）」。

「エデンは悦楽と訳される（Eden deliciae interpretatur）」、ヒエロニムスはその『創世記注解』のなかで性急にもこう書いている。その際に、この選択の唯一の根拠として引かれるのは、シュンマクスによる旧約聖書のギリシア語訳である。いわく「シュンマクスが花盛りの園と訳したのにしたがって（pro quo Symmacus transtulit paradisumu florentem）」、と（Girolamo, p. 4）。だが、これは必ずしも適切ではない。古ラテン語聖書のテクスト（「そして神は東の方エデンに園を据えた（Et plantavit Deus paradisum in Eden ad orientem）」を変更したヒエロニムスの気安さがなおさら意外に見えるのは、同じくだりで彼が、「東の方に（ad orientem）」に替えて「最初に（a principio）」という訳語を当てたことを弁明するのにことさら意を注いでいるからである。そのために彼は、とりわけアクイラとシュンマクスとテオドティオーン[4]の例に訴えることで、その神学的な動機を説明している。「はっきりとしているのは、神は天と地を創造するよりも前に、園を設けたということである（prius quam coelum et terram Deus faceret, paradisum ante condiderat）」。

さて、このヒエロニムスの決定は、以下の事実――これもまた容易にはその理由を説明できないのだが――に影響されている可能性がある。すなわち七十人訳聖書において、『創世記』の第二章八節と十節や、第四章十六節に出てくるエデンが場所の名前とされる一方で、別のところではエデンは「トリュフェー」つまり「悦楽」という語で訳されているのである。いずれにしても西方教会の伝統において、楽園はすでに快楽、つまりウルガタ聖書の『創世記』第二章十節にあるような「快楽の場（locus voluptatis）」と結びついていたのである（後に「悦楽の祖国」と呼ぶダンテ〔『俗語論』I. vii. 2〕にとってもまたそうである）。人間は神によって悦びのために創造され、その悦びは、天と地よりも前に創られていたのだが、人間の罪のために追い払われたのである。

1.5. ギリシア教父のなかではシリアのエフレム[5]、ラテン教父のなかではアンブロシウス[6]がしたためたような、楽園に関する初期の論考は、まるでこのテーマが必然的に彼らの能力を超えていると云わんばかりに、不安や動揺とともに出現してくる。エフレムは次のように書いている。「わたしは二つの感情に引き裂かれている。一方では、その本質と特性を探求するために楽園を知りたいという欲望がわたしを有頂天にさせるのだが、他方では、その困難さと大きさの恐怖がわたしをはねつけている」(『楽園エデンについて』I (VI), 2)。だが、エフレムはまた、「楽園について語るのは心地よいことだ」(ibid., I (VI), 8) とも述べていて、筆舌に尽くしがたい楽園の壮麗さを次のように記述している。「そこには、凍るような二月の陰気さはなく、温和な気候が冬の厳しさを和らげ、太陽の輝きが常春《とこはる》のなかできらめいている」(X (XV), 2)。一年の十二ヶ月は優しい花嫁たちになぞらえられ、「六月はまるで四月のようで、七月は軽いそよ風によってその暑さが和らげられ、九月はその豊かな露をまき散らす」(同書)。つまりそこは、肥沃な土地であり、「アロマと香水の香油箱 (myrotheca)」(XII (XVII), 1) にも似ていて、「あふれんばかりのその懐では、一年じゅう花々が咲き誇っている」(X (XV), 3)、というのである。ここで決め手となるのは、エフレムにおいて地上楽園が天上楽園といまだ区別されていないことである。義なる者が入ることになるのが、エデンの園である。「命あるかぎり、汝のために楽園への鍵をつくりなさい。汝が望む門は、喜んで汝が来るのを待っている」（II（VII）, 2）。

アンブロシウスもまた、彼が学んだ修辞学的な伝統の用語で問題を専門的に扱いながらも（「楽園とは何か、それはどこにあってどのようなものなのか（quidam sit paradisus, et ubi qualisve sit）」*De paradiso* I, 1）、このテーマに直面して「苦悶（aestum）」を隠し切れていない。パウロですらも、有頂天になりながらもそれについて語ることはできなかった。実際、数々の公会議において司教たちが議論しようとしたのは、もっぱら神の本質と三位一体における位格《ペルソナ》に関してであったのにたいして、人間の本性と運命という問題は、神学的な議論の周縁にとどまっていたのである。何十年か後に、アウグスティヌスによって原罪の教理におけるトポスとなるまでは、地上楽園のテーマと人間本性とその運命というテーマとが交差するのは、こうした周縁部においてであった。

さて、アンブロシウスにとって地上楽園は自明のものである。おそらくはオリゲネスの考察を介して、アンブロシウスは、人間の霊魂の寓意として楽園を解釈するという釈義の伝統を、アレクサンドリアのフィロンから受け継いだ。アンブロシウスいわく、「楽園は肥沃な土地である。すなわち、エデンつまり悦びのなかに据えられた実り豊かな霊魂である（Est ergo paradisus terra quaedam fertile, hoc est anima foecunda, in Eden plantata, hoc est voluptate）」（III, 12）。さらにフィロンの示唆を敷衍するなら、アダムとイヴは、霊魂の二つの能力、つまり知性（nous）と感性（aisthesis）を意味している。楽園を潤す泉とはキリストのこと、さらに楽園を区切る四つの川は、四つの枢要徳〔思慮、剛毅、節制、正義〕にしてかつ聖なる歴史の四つの時代のことである。四番目の徳である正義はもっとも重要なもので、モーセの律法の時代につづく福音の時代に対応する。というのも、「正義ほど人類を幸福にするものはない（hominun genus nullo magis quam iustitia et aequitate laetetur）」（III, 18）からである。福音は、「正義の形象である。なぜなら、すべての信者に救済をもたらす徳だからである」（III, 22）。「土で形作られ土のなかにいた」人間は、楽園に置かれた。「というのも、こうして彼は徳の神聖なる霊を授かったと考えられるからである」（IV, 24）。さらにつづけてアンブロシウスは、『創世記』のくだり（「〔神は〕人を悦びの園に置き、そこを耕し守るようにさせた」2: 15）を、「完全な自然本性という授かりものと豊かな徳の恩恵」（IV, 25）を保持することが人間の任務である、という意味に解釈する。楽園はこの恩恵の形象なのである。

1.6. 後に地上楽園に特有の神学的な内容となっていくものは、つまるところ、楽園と人間本性とのこのような方程式のうちにあるのだ。すなわち、被造物の原初の正義、罪によるその喪失、救済をもたらすキリストの働きによるその回復、である。しかしながら、アンブロシウスにおいて始祖たちの罪は、取り返しのつかないほど人間本性に傷跡を残し分裂させるような惨劇とみなされてはいない。それよりむしろ、人間本性を救済に導くためのいわば策略のようなものとみなされているのである。たしかにアダムは、たとえいまだ善悪の知識をもちあわせていなかったとしても、与えられた命令に背いたのだから罪を負っている。だが、善悪の木は、人間が「善の卓越さ（supereminentiam boni）」を知ることができるようにと、庭の真ん中に置かれたのである。「実のところ、もしも善悪の知識がないとするなら、いかにして悪から善を区別できるであろうか」（II, 8）。庭にはサタンさえいるのだが、「それというのも、サタンの悪知恵もまた人類の救済に役立つことがあるのを知らしめるためである」（II, 9）。人間が受ける罰は、その本性にかかわってはいない。「呪われたのは人間ではなくて蛇であったことを思い出しなさい。大地すらも呪われてはいない。「汝の仕業において呪われたのである」」（XV, 77）。アンブロシウスにおいて、人間本性はいまだ分裂してはいないのと同様、楽園もまた——『楽園について《デ・パラディーソ》』という淡白なタイトルからも明らかなように——いまだ、永遠に失われた地上楽園と、遠い未来に実現される天上楽園とに分断されてはいない。そうなるのは、もっと先のことなのである。

　とはいえ、罪は人間本性に影を落とす。それゆえアンブロシウスは、エデンの園におけるアダムの生を「生の影（umbra vitae）」と呼び、人間の不死をただ未来の生の担保としてのみ定義したのである。

　実際に人間は、未来の生のために生の影のなかにいるか、それとも、生の担保のようなもののなかにいるかの、どちらかである。生の影のなかにいるというのは、地上におけるわたしたちの今の生が影だからである（umbra est haec quae nunc nostra est vita in terra）。生の担保のなかにいるというのは（in quodam pignore vitae）、神から息を吹き込まれたからである。それゆえ人間は不死を担保としてもっていた。［……］たとえいまだ罪人ではなかったとしても、だからといって彼の本性が清廉で不可侵だったたというわけではなくて、後に罪を犯すであろうような者であった。このために彼は生の影のなかにいたのであり、それは、罪を犯す者が死の影のなかにいるのと同様である（V. 29）。

かくしてここにおいて、楽園が、原初の悦楽と正義の場から、まさしく罪と腐敗のあいまいなシナリオとも呼ぶべきものへと変貌するプロセスが開始されることになるのである。

1.7. 「こうして主なる神は人間を追放し、生命の木に至る道を見張るために、快楽の園の前にケルビムと炎の剣を置かれた」（『創世記』3: 24）。『創世記』の語りにおいて決定的なのは、エデンの園ではなくて、そこからの追放である。いくつかの意義深い例外はあるとしても、この点では神学の伝統は一致している。楽園はたしかに人間の原初の住まいである（「人間の住まいについて de loco hominis」は『神学大全』第一部第一〇二問題のタイトルで、そのなかでトマス・アクィナスはこの問いにたいして、「もし楽園が原初の状態にある人間にふさわしい場であるなら」と肯定的に答えている)。だが本質的とされてきたのは、人間に充てられた「悦楽の住まい(sedes deliciarum)」での滞在――いずれにせよ短いもので、一般的な解釈では六時間ほど――というよりも、人間がそこから「あわれなこの場所に(in istum miseriarum locum)」追放されたという事実のほうである。人間とは、本来の住まいから追放された生き物、その原初の場を失った生き物なのである。人間はこの地上で、二重の意味で異邦人(peregrinus)である。なぜなら、たんにその永遠の生が天上楽園にあるからだけではなくて、とりわけそのエデンの祖国から追放されたからである。

楽園ではなくてその喪失こそが西洋文化の原初的な神話素をなすと言いうるのは、まさしくこのためである。楽園の喪失は、いわば原初のトラウマであり、キリスト教と近世の文化に深い傷跡を残し、地上におけるあらゆる幸福の探求を失敗に追いやった。

> 恐るべき形而上学的禁止や破壊的な心理的抑止は、中世と近世の人間の想像世界にその刻印を残した。それはまるで、人間の条件の即時性のなか今ここで得られる至福の生の希望が、歴史のある瞬間において、天変地異によって破壊されたかのようである(BRAGA, p. 1)。

キリスト教神学は、楽園からの追放を概念的に練り上げ、さらにこの追放を、人間の条件の決定的な出来事にしてかつ救済の摂理の基盤とみなすことになるわけだが、その戦略的装置と効果的メカニズムを再構成して理解しようと努めないかぎり、「天変地異」と「破壊的な心理的抑止」

はあくまでも隠喩にとどまることになるだろう。

第二章　自然の罪

2.1.　そうした神学的な装置のうち、いちばん執拗なものはもちろん原罪の教義、つまり人間本性そのものを取り返しのつかないほど破滅に導く罪についての教義である。この教義がアウグスティヌスの発明によるものとみなすべきか、あるいは逆に、ある程度まで他の教父や聖書学者たちによって先取りされていたとみるかについては、こんにちでも研究者たちのあいだで議論されている。まさにアウグスティヌス自身が、いつも原文どおりにというわけではないにせよ、ヒラリウス（実際にはアンブロシアステル）[1]やアンブロシウス、キプリアヌスを引きつつ、その教義はずっとカトリック教会のものであると執拗なまでにほのめかし、かつてはもっと漠然とした見解を表明していたことを――事実に反して――きっぱり否定しようとしているところをみると、実際に彼は、その命題の新しさに自覚的であったと考えられる。

原罪の教義は、ひとえに『ローマの信徒への手紙』の一節（5: 12）の解釈にかかっているのだが、見解を変えたとして批判するユリアヌスに応えてアウグスティヌスは、使徒パウロの言葉をほぼ字義どおりに繰り返すことで、まさしくその教義を要約してみせ、さらに回心のはじめから常にそれを真実だとみなしてきたと断言している（『ユリアヌス駁論』VI, 12, 39）。とするならば、アウグスティヌスによる解釈の戦略を注意深く検証してみるのがいいだろう。彼が利用しているラテン語訳において、パウロの一節は以下のようにある。「ひとりの人によって罪が世に入り、罪によって死が入ったように、死はすべての人に及び、それによってすべての人は罪を犯したのです（Per unum hominem peccatum intravit in mundum et per peccatum mors et ita in omnes homines pertransiit, in quo omnes peccaverunt.）」。アウグスティヌスにとって決定的なのは、in quo の解釈である。彼はこれを何らの躊躇もなくアダムに結びつけている。つまり、「その男によってすべての人は罪を犯したのです」、というわけである。

かねてより研究者たちが説明してきたところでは、この部分に対応するギリシア語原文の表現 ephō は、結果に関連する節を導くため、「それがもとで、その結果として」の意味になるということ、さらに直前にある男性形の語、つまり「死（thanatos）」をおそらくは指している、ということである（すなわち「死の帰結として、すべての人が罪を犯す」と読めるのである。Schreiner, pp. 273-274 ; Fitzmyer, passim）。

さて、アウグスティヌスは『罪の報いと赦し』（412）では、in quo がアダムに関連することも（「その男によって、すべての人が罪を犯した（in quo *homine* omnes peccaverunt）」）、罪に関連することも（「その罪によって、すべての人が罪を犯した（in quo *peccato* omnes peccaverunt）」）ありうると考えており、その一節の複雑さを完全に自覚していた。さらに、『ペラギウス派の二書簡駁論』になると、ギリシア語原文をも参照しつつ、問題を詳細に検討していく。「アダムによって、罪ではなくて死がわれわれにもたらされた（per Adam mortem ad nos transisse, non crimina)」とするペラギウス派に反論して、アウグスティヌスは次のように述べている。

では、「それによってすべての人は罪を犯した」という言い回しは、いかなる意味であるのか。使徒パウロが言いたいのは、そのひとりの男によって――これについてパウロはすでに「ひとりの人によって罪が世に入った」と述べていた――すべての人が罪を犯したということなのか、それとも、「その罪によって」、あるいは、少なくとも死によって」を意味しているのか。だが、惑わされる必要はない。パウロは「〔女性形で〕それによって（in qua)」と書いているのではなくて、「〔男性形で〕それによってすべての人が罪を犯した」と書いているのだから。実際、ギリシア語の死は男性名詞なのである（*Contra duas epistolas Pelagianorum*, IV, 4, 7)。

文法上の理由から in quo が「死」という語にかかりうるということを知っているにもかかわらず、アウグスティヌスはしかし、ここでだしぬけに議論を転倒させ、是が非でもこの解釈を退けようとして、みずからの解釈をこじつけている。

「その男によってすべての人が罪を犯す」というのは、彼が罪を犯したとき、すべての人は彼のうちにあったからである。つまり、その罪によってすべての人が罪を犯すというのは、あまねく万人の罪となったからで、その罪は、生まれた瞬間からすべての人が負わなければならない。それともあるいは、その死によってすべての人は罪を犯すということなのだろうか。しかし、もしそうだとするとこのことが正確に何を意味するのか、わたしにはわからない。人間は罪のうちで死んでいくのであって、死のうちで罪を犯すのではない(in peccato enim moriuntur homines, non in morte peccant)。実際、死は、それに先立つ罪の後にやってくるのであって、罪が死の後に来るわけではない。「死の棘は罪である」、つまり、棘が刺すことで死にいたるのであって、死が棘でわれわれを刺すわけではない。それはちょうど、毒がひとたび飲まれるや、死の飲み物と呼ばれるのは、それによって死にいたったからであって、この飲み物が死によってつくられたり与えられたりしたわけではないのと同様である。使徒パウロのこの言い回しにおいて、それによって万人が犯すことになる罪を指していると考えられないのは、そこから訳された原語のギリシア語では、罪という語が女性形に属するからである。それゆえ残る可能性は、その最初の人によってすべての人は罪を犯した、と理解することである。したがって、生まれながらにして人は罪に染まるのであり、ただ生まれ変わることによってのみ、その罪を消し去ることができるのである(unde peccatum nascendo trahitur, quod nisi renascendo non solvitur）（ibid.）。

アウグスティヌスはここで、『コリントの信徒への手紙一』のくだり「死の棘は罪である」（15: 56）を曲解している。というのも、その文脈やこれに先立つ句「おお死よ、おまえの棘はどこにあるのか」から判断するなら、棘は死に属するのであって、死が棘の結果もたらされることを意味しているようには思われないからである。それだけではない。アウグスティヌスは文法をも曲げて解釈しているのである。最初は死を指していることを認めておきながら、次には罪を指しているという可能性を退けて、三つのうちで唯一ありうる解釈だけを生き残らせるのである。すなわち、アダムこそが人間本性を堕落させたのであり、かくして全人類の「原罪」となる、というわけである。

2.2. アウグスティヌスのこの戦略の深い動機を検討する前に、偏っているとは言わないまでも、聖書をめぐる彼の堅固な議論を検証しておくのがいいだろう。事実、アウグスティヌスを理解するには、ペラギウス派の命題と突き合わせる必要があるのみならず、アダムの罪が人間本性に伝えられるという読みを退けて、パウロの言う ephō を死と結びつけてきた別の解釈の伝統とも突き合わせてみなければならない。

このパウロの一節を注釈したオリゲネスは、すでに、アウグスティヌスの意味における原罪の形跡がみじんもないかたちでその一節を読んでいた。とりわけ指摘されているように（HAMMOND BAMMEL, p. 335）、オリゲネスは、ephō を原因となるものとして読んでいる（「それによって」とは無条件に死をさす）。さらに彼は、「すべての人が罪を犯した」という部分を次のような意味で解釈した。すなわち、アダムの最初の罪の結果、あらゆる人間に「アダムの違犯の型（similitudinem praevaricationis Adae in unoquoque）」が刻み込まれ、これが「軽い感染（levi contagione）」となって人を罪に追いやる、というのである。そのためオリゲネスは、この軽い感染を被っても罪を犯さないでいることができる人と、逆にアダムの罪をみずからの意志で繰り返す人とを区別している。

死が世に入り、すべての人を通過したとしても、すべての人にはびこっているわけではない。通過すること（pertransire）とはびこることとは、実のところ同じことではない。罪が義人を通過しても、軽い感染で抑えられる。反対に、背徳の人、つまり身も心も罪にゆだねられる者においては、罪がはびこり、その者たちを全力で支配する。（ibid., p. 68）

それゆえ、死の支配は絶対的なものではない。

ただアダムからこの世に罪がはびこり、アダムの型（similitudo はここで「型」や「例」を意味する）に従った者を支配する（ibid., p. 90）。

実のところ罪は、伝えられうる実体なのではなくて、ただ行為や振舞いのなかにのみ存するのである（ipsum peccatum nec subsistit, quippe cum nec substantia sit eius usquam sit nisi in opere et gestis, p. 192）。たとえ原初の堕落のようなものがあるとしても、それは、自然の譲渡による罪の伝達に基づくのではなくて、ちょうど各人が「何か言葉にならないやり方で」そのつど楽園から追放されるように、それぞれの人において繰り返される一種の凋落のようなものである（quolibet inenarrabili modo et soli Deo cognito unusquisque de paradiso trusus videtur et exceptione condemnatur）。使徒パウロが、「罪があなた方の死すべき身体を支配することがないように」（『ローマの信徒への手紙』6: 12）と書くとき、彼が明言したかったのは、罪によって死すべきものとなった身体にも恩恵がいきわたるということである（Origene, p. 194）。いずれにしてもオリゲネスは、パウロの明快な主張を読み取っているのであり、それによると、「罪悪は恩恵にはかなわない」のであり、「罪にまみれても、それ以上の恩恵があった」。というのも、人間本性は十全に修復されるからである。つまり、「正義による恩恵があまねく生にいきわたっていて」、「かつて死のあったところには、今や永遠の生がある」（p. 124）。

一方、シリア人司教キュロスのテオドレトスの『ローマの信徒への手紙注解』によれば、人はアダムから死を受け継いだが、罪が中心の観念となるのは、ただこの死によってのみである。死は必要を生み、必要は罪を招く、というわけである。

死という罰を受けたアダムは、カインとセトたちを生んだ。この男から生まれた彼らはみな死すべき自然を有していた。この死すべき自然は、食料や水、衣服や住居や技術といった多くのものを必要とする。これらのものの使用は、魂の運動を不摂生へと導き、不摂生は罪を招く。このため聖なる使徒〔パウロ〕は、アダムは自分が犯した罪によって死に従わされたために、人間のひとりひとりに死がもたらされる、と主張したのである。いわく、「実際にすべての人に死がいきわたり、そのために（ephʼō）すべての人が罪を犯すことになる」（Teodoreto, pp. 103-104）。

したがって、原罪の伝播といったものはなく、おのおのの人がその死の条件に応じてそのつど罪を犯すとされる。

各人はみずから死の限界を背負っているが、それは、最初の人間の罪によるからではなくて、自分の罪によるからである（ibid.）。

א　オリゲネスによる『ローマの信徒への手紙』の注解は、ルフィヌス[2]のラテン語訳によって今日に伝わっているが、それによるとオリゲネスは、このパウロ書簡の第五章十四節を次のように読んでいた。「もちろん、〔モーセの〕律法の前にもこの世に罪は存在していました。しかしながら、律法とともにないと、罪は負わされません。が、アダムからモーセまでのあいだも、アダムの違犯と同じような型の罪を犯した人たちにたいして、死は支配していました。アダムは、来たるべき者のかたちなのです（Usque ad legem enim peccatum erat in hoc mundo. Peccatum autem non imputatur. cum lex non est. Sed regnavit mors ab Adam usque ad Moysen in eos qui peccaverunt in similitudinem praevaricationis Adae, qui est forma futuri）」。とはいえ、有能な文献学者としてオリゲネスは、「罪を犯さなかった人たちにも（in eos, qui *non* peccaverunt）」という異文をもつ手写本が存在することを知っていた。オリゲネスによると、死が「通過すること（pertransire）」と死が「はびこること（regnare）」は区別されなければならない。

> 死が世に入り、すべての人を通過したとしても、すべての人にはびこっているわけではない。通過することとはびこることとは、実のところ同じことではない。罪が義人を通過しても、軽い感染で抑えられる。反対に、背徳の人、つまり身も心も罪にゆだねられる者においては、罪がはびこり、その者たちを全力で支配する（Origene, p. 68）。

この場合にもオリゲネスの解釈は基本的に変わっていない。罪を犯さない義人たちもまた死の法則のもとに置かれているが、キリストによって死から解き放たれている。『ローマの信徒への手紙』(5, 12) の注釈において、さらにオリゲネスは、理性を獲得するまでの「子供 (parvuli)」の無垢さを肯定している。そしてパウロの言い回しを次のように解釈している。「しかし、わたしはかつて罪なく、つまり子供時代を生きていた (Ego autem vivebam aliquando sine peccato, hoc est : in puerili aetate)」(ibid., p. 60)。

2.3. アウグスティヌスの解釈の偏向がはっきりとわかるのは、彼が自分の命題を補強するために何度も〔ヒラリウスの〕テクストを引いてくるからである。先に引用した『ペラギウス派の二書簡駁論』の一節につづいてすぐに、アウグスティヌスは以下のように付け加えている。

敬虔なるヒラリウスはこうして、「それによってすべての人が罪を犯した」が何を意味するのかを理解していた。すなわち、「それによって、つまりアダムによって、すべての人が罪を犯した」というわけである。さらにヒラリウスはこう付け加えている。「明らかなのは、アダムによって誰もがいわばかたまりとなって罪を犯すことである。罪によって堕落したことで、この世に生を受けるすべての者が罪のもとに生まれてくる」。このように書くことでヒラリウスは、「それによってすべての人が罪を犯した」がいかに解されるべきかを、あいまいなところなく思い出させてくれるのである（Nam sic et sanctus Hilarius intellexit quod scriptum est «In quo omnes peccaverunt» ; ait enim : «In quo, id est Adam, omnes peccaverunt». Deinde addidit : «Manifestum in Adam omnes peccasse quasi in massa : ipse enim per peccatum corruptus, omnes quos genuit nati sunt sub peccato». Haec scribens Hilarius sine ambiguitate commonuit, quomodo intellegendum esset : «In quo omnes peccaverunt»」（IV, 4, 7）。

近代の研究者たちがかねてより示してきたところでは、アウグスティヌスが引用している原典はヒラリウスのものではなくて、エラスムス以来「アンブロシアステル」（もしくは偽アンブロシウス）の項目で整理されてきた『ローマの信徒への手紙』の注解に由来するものである。アウグスティヌスの抜粋している引用を元の文脈に戻してみるとわかることだが、「あいまいなところなく（sine ambiguitate）」ではないどころか、その注解では、アウグスティヌスが意図しているのとは部分的に反対のことが言われている。アンブロシアステルのテクストでは、アウグスティヌスが引用した部分の後で次のようにつづく。「『それによって』と言ったのは、女性についても言っているのだとすると、それは、種ではなくて類をさしているからである（ideo dixit «in quo», cum de muliere loquatur, quia non ad speciem retulit sed ad genus）」（AMBROSIASTER, p. 165）。この匿名の著者の狙いは、死の責任をイヴに帰するということだ（「彼女によって死が世に入った（per illam mors intravit in mundum）」）。パウロが「（女性形で）それによって（in qua）」ではなくて、「（男性形で）それによって（in quo）」と書いたとするなら、それは、イヴのことを念頭に置きつつ（cum de muliere loquatur）、種ではなくて類に言及しているからだ、というわけである。ちなみにこのことは、別のテクストも示しているようにアウグスティヌスも知っていた（*De doctrina christiana*, III, 34, 48）。すでに適切にも指摘されているように、アウグスティヌスがこの箇所を引用することを控えたとするなら、それはおそらく、人類はただアダムだけに由来するという彼の理論が、アンブロシアステルのこの命題とまさしく対立するからである（アウグスティヌスによれば、女がアダムの身体からつくられたのは、「人類すべてがただひとりの男から広がる」ことを示すためである〔『神の国』XII, 21〕）。

さらに他の引用についても、その本来の文脈に戻してみるなら、別の意味を獲得することで、アウグスティヌスの読みに反して、「それによって（in quo）」を「死」に結びつける解釈の伝統につながることになる。事実、この匿名の著者アンブロシアステルは、「罪によって堕落した（per peccatum corruptus）」の意味を明確にしつつ、アダムが子孫に伝えた堕落とは罪のことではなくて、肉体の死のことだと明言しているのである。そして以下のように付け加える。

さらにもうひとつの死があって、それは、ゲヘナ〔罪人の滅びの場〕における第二の死と呼ばれる。この第二の死は、アダムの罪によって被るものではなくて、状況が与える各人の罪によってもたらされる（quam non peccato Adae patimur, sed eius occasione propriis peccatis adquiritur）。義人たちはこの罪を免れている（AMBROSIASTER, p. 163）。

このように、原罪の教義と矛盾することは明白だから、アウグスティヌスは、ただ断片だけを含む「証言（Testimonia）」集のなかからヒラリウスに帰せられるテクストを選んだのではないかと仮定する神学者もいるほどである。いずれにしても、アンブロシアステルのテクストを、アウグスティヌスの理論の模範とみなす宗教史家たちもいるのだが、事実はそれとは裏腹に、むしろその正確な反証なのである。

2.4. アウグスティヌスの戦略において、教会の動機は神学の動機ときわめて密接に結びついているため、両者を切り離すことはできない。アウグスティヌスが原罪の教義を練り上げた、ペラギウス派を論駁する著作において、実際に問題となっているのはとりわけ、子供（parvuli）の洗礼の必要性についてである（あるいはまた、ドナトゥス派との論争において争点となったような、ローマ帝国の権威に聖書を引き渡した背信《トラディトーレス》の司教たちによって授けられた洗礼が有効かどうかについてなど）。アウグスティヌスが、人間本性そのものを罪のうちに巻き込まなければならないと考えたのは、まさしくカエレスティウス[3]が断罪することを拒否した命題と戦うためである。その命題によると、「アダムの罪はただアダムだけを傷つけたのであり、［……］生まれたばかりの幼児は、違犯する前のアダムがそうだったのと同じ状態にある」、というものである（『キリストの恩恵と原罪［*De gratia Christi et de peccato originali*］』II, 2, 2）。アウグスティヌスがとりわけ引き合いに出す動機は、「もし人間本性によって義があるとするなら、キリストの死は無駄になる（Si per naturam iustitia, ergo Christus gratis mortuus est）」というものである（『自然と恩恵［*De natura et gratia*］』2, 2）。これを教会の用語でいいかえるなら、秘跡――この場合には洗礼――が不要になる、ということである。そのためアウグスティヌスは、無情なまでの執拗さで、洗礼を受けることのできなかった幼児は取り返しのつかないほどに呪われていると繰り返すことになるが、それはもちろん建設的な議論とはいえない。

死によって阻まれたために洗礼を受けることができなかったようなところに生まれた幼児、それゆえ、すべての人間におしなべて課された（quae per universam massam currit）宣告のためにまさしく求められる［……］水による再生を経ずして逝った幼児は、いかなる意味でもキリスト教徒でありえなかったのみか、天の王国にも迎え入れられないであろう（『自然と恩恵』8, 9）。

さらにアウグスティヌスは以下のようにすぐつづけるが、それは、原罪を否定するペラギウス派において何が賭けられているのかが明らかだからである。

わたしは幼児についてだけいっているのではない。若者や老人が、キリストの名を聞くことすらできないような地域で命を落とすとするなら、その本性と自由意志によって義とされうるというのであろうか。もしもそうだと主張するのなら、このことが意味するのは、キリストの十字架を無効にする（crucem Christi evacuare）ということである（同書 9, 10）。

しかしながら、ここで意味が剝奪されるものとは、十字架というよりも、教会とその秘跡の普遍性ならびに必要性にほかならない。

2.5. 厳密に神学的な観点からみるなら、アウグスティヌスの命題の新しさ――つまり強みと同時に弱み――は、人間のみならずその自然本性と生そのものをも罪に巻き込むことである。

罪と呼ばれる傷は、まっすぐに生きてきた生そのものを傷つける（ipsam vitam vulnerat, qua recte vivebatur）。［……］最初の人間のこの大きな罪によって、われわれの自然本性が損なわれ、罪を負うことになったばかりでなく、罪人たちをも生み出すことになった（natura ibi nostra in deterius commutata, non solum est facta peccatrix, verum etiam genuit peccatores）（『結婚と情欲［*De nuptiis et concupiscentia*］』II, 34, 57）。

原罪という観念に付きまとうパラドクス——西洋の倫理学の歴史において特殊な事例になっている——とは、罪となるのが、個人の行為でも集団でのその反復でもなくて、「罪深いもの（facta peccatrix）」としての「人間本性（natura hominis）」であるということ、つまり、あらゆる役割——とりわけ生殖を含む——における生そのものだということである。この命題は、支持するのに困難なもので、マニ教的善悪二元論に陥るのを避けるため、アウグスティヌスは、自然そのものが悪であることを否定し、罪は自然ではなくて欠陥であることを再確認しなければならなかった（non est utique natura, sed vitium［ibid.］）。だが、そこには明らかな矛盾がある。というのも、いかにして欠陥が出生によって子々孫々に永遠に伝えられうるのかが不明だからである。この矛盾が解決されるのは、自然という観念を二重化して、そこにいわば歴史を導入することによってである。つまり、十全なエデンの自然に替わる、堕落し腐敗した自然（natura lapsa）である。

神によって創造され、それゆえまったき良き霊魂や肉体の自然を（quam Deus creavit et

quae tota bona est)、われわれは告発しているのではない。そうではなくて、その自然はみずからの意志によって腐敗したため(propria voluntate vitiata)、神の恩恵がなければ回復することができない、と主張しているのである(『人間の義の完成[*De perfectione iustitiae hominis*]』6, 12)。

しかし、洗礼の働きによる再生の後でさえも、自然の堕落は情欲のかたちでとどまりつづけ、人間を癒しがたいほどに罪へと駆り立てる。「というのも、まだ何か肉の情欲のようなものがあると、[……]全霊で神が愛されることは決してないからである(Nam cum est adhuc aliquid carnalis concupiscentiae ... non omni modo ex tota anima diligitur Deus)」(『人間の義の完成』8, 19)。さらにアウグスティヌスによると、「見なさい、洗礼を受けた者にたいしても肉は対立していて、自然に抜きがたく根づいていると〔パウロの〕言う能力すら彼らにはないのである(Ecce et baptizatis caro invenitur esse contraria et non adesse possibilitas illa, quam inseparabiliter insitam dicit esse naturae)」(『自然と恩恵』53, 61)。

よくみるなら、このことが意味しているのは――そしてここでさらなる難題が発生するのだが――、神が創造した自然を変容させるという途方もない能力を人間の意志に帰する、ということである。楽園からの追放は、この見通しにおいて真の意味を獲得する。すなわち人間とは、その自然を堕落させることはできても治すことのできない生き物であり、それゆえ、救済の歴史と摂理にみずからを託す。ここにおいて必須となるのが、教会がその秘跡を通じて授ける神の恩寵なのである。

2.6. さて、これほど矛盾した概念にたいするペラギウス[4]とカエレスティウスの反論は、アウグスティヌスが論駁するためにそのつど引いてくるところから知られるのみだが、実のところかなりいい勝負をしている。アウグスティヌスも認めているように、罪が実体ではなくて行為であるとするなら、「実体を欠くものがいかにして人間の自然本性を堕落させたり変化させたりできたのだろうか（quomodo potuit humanam debilitare vel mutare naturam, quod substantia caret?）」（『自然と恩恵』19, 21）。原罪の教義におけるように、罪が必然的なもので避けられないとするなら、実のところそれは罪ではないのではないか。逆に、もし罪が意志によるとするなら、避けることはできるだろうし、そうなれば人は——少なくとも潜在的には——罪なくありうるだろう（si quod vitari potest, potest homo sine peccato esse, quod vitari potest）（『人間の義の完成』2, 1）。ペラギウスの批判がとりわけ的を射ているように思われるのは、アウグスティヌスの理論の要点——恩寵なき救済はありえないこと——に関連してである。ペラギウスは恩寵を否定しているわけではない。彼が否定するのは、恩寵を自然に対立させることである。ペラギウスが主張するには、「恩寵とはまさしく罪を犯さない可能性である。それは、自由意志をもって創造されたという点で、われわれの自然本性が神から授かっているものである」。つまり恩寵は、切り離しえない（ペラギウスを批判するためにアウグスティヌスがつくった新造語では inadmissible）可能性として人間の自然にそなわっており、わたしたちの自然本性に関するものすべてが、それを創造したものに由来するとすれば、「まさしく神に属するものが、いかにして神の恩寵を欠くと主張しうるのであろうか」（『自然と恩恵』51, 59）。

この明快な主張にたいして、アウグスティヌスはまたもや、罪によって人間の自然は分割されたという持論に訴える。すなわち、楽園の条件下で人間が利用できた可能性は、その自然が堕落し恩寵から疎外されたときに失われた。それゆえいまや、病んだ身体が治療を必要とするように、恩寵を必要としている、というわけである。これこそ原罪の意味にほかならない。

ℵ　ペラギウスとの仮借なき論争において、アウグスティヌスにとって危険にさらされているのは、自然と恩寵の区別であり、彼は何としてもこれを救い出そうとするのだ。ペラギウスのように原罪を否定し、罪を犯さない可能性が自然によって人間に与えられているとするなら、恩寵は余計なものとなる。アウグスティヌスにとってペラギウスの過ちは、自然と恩寵とを混同して、ただ恩寵のみに帰属するものを自然に帰していることである。アウグスティヌスから引用しよう。

もしも人間の自然本性を、無垢で罪なく創造されたものと解するならば、それはなんとか受け入れられよう〔……〕。しかし、堕落するかもしれないような自然本性については、いかにしても語るべきではない。仮にそのような自然本性に必要なのは、見えなくなった両目を治して視力を取り戻してくれるような医者である（『自然と恩恵』51, 59）。

罪の後、人間の自然は癒しがたくも堕落したのであり、堕落した自然と恩寵との関係は、病気と治療の関係に等しいというわけである。

突然に、気が動転して頭が鈍り、当初の目的から大きく逸れてしまったために、われわれにはもはや感じたり考えたりする力が残っていない。俗塵にまみれ、浮世にどっぷりと耽り、快楽に翻弄され、誘惑の罠でさんざん心を絡めとられる。精神を高めようとする瞬間でさえも、空虚な考えがわれわれを地上の物事へと引き降ろしてしまう。常に心を高めることのできる人ほど祝福された人がいるだろうか。神の助けなくして誰がそれをなしうるだろうか。何人も決してなしえないのである（『ペラギウス派の二書簡駁論』〔*Contra duas epistolas Pelagianorum*〕IV, 11, 30）。

ここでもまたアウグスティヌスにおいて、神学的動機は教会の動機と一致している。というのも、人間本性が恩寵なしに罪を犯さないでいることができるとするなら、秘跡を通じて恩寵を授ける教会は必要なくなってしまうからである。

2.7. その論考『処女懐胎と原罪について』の冒頭でアンセルムス[5]は、アウグスティヌスの教義を受け入れながらも、後に長く影響を与えることになる重要な区別を差しはさんでいる。神はいかにしてキリストのうちに「罪深き人類のかたまりのなかから罪なき人（hominem assumpsit de generis humani massa peccatrice sine peccato）」を引き出すことができたのかを説明するために、人格の罪と原罪とを厳密に区別しているのである。アンセルムスは以下のように述べる。

> 「原《オリーギナーレ》」という語が「起源《オリーギネ》」に由来することは疑いない。もし原罪が人間だけのものだとすると、そう呼ばれるのは、人間本性の起源つまり人間の始元によるか、あるいは各々の人格の起源つまり始まりによるかである。前者の場合、人間本性の起源そのものに由来する（ab ipsa humanae naturae origine trahatur）という意味においてであり、後者の場合、各人格の起源に由来するからである。だが原罪は、人間本性の始まりに由来するようには思われない。なぜなら、始祖が罪なく正しい人に創造されたからには、人間本性の起源は正しいものだったからである。それゆえ、各人格の起源そのものから「原」といわれているように思われる

（ANSELMO, p. 136）。

この区別は決定的である。というのも、アンセルムスにとってこの区別は以下のことを含意しているからである。すなわち原罪は、各人がその自然本性をそこから引き継いでいるエデンの始祖に由来するのだが、現実となるのはただ各人格の起源――つまり出生――によってだというのである。

罪が「原罪」と呼ばれるのは、各人がその自然本性の起源を受けとる人たち〔アダムとイヴ〕から罪が各人に派生するからであるという者がいるなら、わたしはあえてこれに反論するつもりはない。ただし、あくまでそれは、原罪が伝えられる（文字どおり「運ばれる」）のは各人格の起源〔出生〕によって（originale peccatum cum ipsa uniuscuiusque personae origine trahi）であることが否定されない、という条件つきである。実際、人が他者と共有するような自然本性と、「この人」や「あの人」といわれたりアダムやアベルという名前で呼ばれたりするような、他者とは異なる人格との両方が、各人には同時に（simul）そなわるとすれば、各人の罪は自然本性と人格のうちにあることになるだろう（アダムの罪は、人の自然本性のうちにあると同時に、アダムと呼ばれるもの、つまり人格のうちにもあった）。しかしながら、各人がその起源において自然本性とともに伝えられる（trahit）罪とは別に、ある人格と他の人格とが異なる場合、その自然本性といっしょには伝えられないで、各人において犯されるような罪がある。起源そのものにおいて引き受けられる罪は「原罪」と呼ばれるが、それはまた「自然の罪」でもありうる。だがそれは、この罪が自然の本質に帰属するからではなくて、自然の堕落によって罪を帯びることになるからである（non quod sit ex essentia naturae, sed quoniam propter eius corruptionem cum illa assumitur）。各人が犯す罪に関して、ひとたびそれが人格となれば（postquam persona est）、「人格の罪」と呼んでもよい。なぜなら、その罪は人格の欠陥から生じるからである。同じ理由から、正義もまた原初の人格の正義と名指すことができる。というのも、アダムとイヴは原初において、つまり彼ら自身の始まりにおいて、人間として存在することになるや、間髪を入れず同時に正義の人であったからだ（simul sine intervallo iusti fuerunt）。逆に、正義が「人格の正義」といいうるとすれば、それは、もともと正義をもたなかった不正の者が正義を受け入れるような場合である（ibid., p. 138）。

アウグスティヌスの教義のあいまいさを払拭しようとしてアンセルムスがもちだすこうした区別は、しかし実のところ、その矛盾をさらすばかりである。始祖の罪が人格の罪でしかないとするなら（彼いわく、アダムとイヴは「人格として罪を犯した personaliter peccaverunt」）、人間本性そのものを堕落させ変化させることで個々の人間を原罪のもとにもたらすほどの力が、なぜこの罪に帰せられるのだろうか。「自然の」罪は実のところ存在しえない。すなわち、アンセルムスが努めて明確にしようとしているように、罪が「自然の罪」と呼ばれるのは、それが人間本性の本質に属しているからではなくて、その堕落によって（propter eius corruptionem）引き受けられる人格の罪だからにすぎない。それゆえ、原初にあるのは罪ではなくて堕落である。すなわち、どこまでも人格の罪でありつづける罪によって、自然本性がやむなく被った堕落なのだ。ローマ教会が名前を列挙することなく受け入れたアウグスティヌスとアンセルムスの教理は、原罪の教義ではなくて、人間本性の「原堕落（originalis corruptio）」の教義なのであり、罪はその口実になっているのである。

このような見通しにおいて、自然と人格が区別されると同時に、いわば手品箱のなかのようにたがいに交換もされることは、とりわけアンセルムスが、幼児の生まれながらの汚点を説明するために二重の罪という学説を採用するときに明白となる。「人格（の罪）が自然本性に伝わるように、自然（の罪）が人格に伝えられる（Et sicut personale transit ad naturam, ita naturale ad personam）」（ibid., p. 186）、とアンセルムスは述べている。アダムが楽園の木々から実をとって食べたことは自然の要請であった。が、禁じられた木の実を食べたことは、意志による人格の行為であった。しかしながら、こうして意志的な行為から締め出された自然は、暗い過ちの担い手としてアダムのなかにすぐに入り込み、人格の行為を、人類全体にかかわる罪へと変容させることになる。「アダムが楽園の木の実を食べたことは自然の要請であった。なぜならそれを求めるように創られたからである。だが、実際に禁じられた木から食べたことは、自然の意志ではなくて、人格の意志によることだった。しかしながら人格の為したことは、自然なしには為しえなかった。人格とはまさしくアダムと呼ばれるものであった。すなわち、人間であるかぎりの自然である。したがって、人格が自然の罪を犯したのであり、アダムの罪とともに、人間は罪を犯したのである（Quod Adam comedebat, hoc natura exigebat, quia ita ut hoc exigeret creata erat. Quod vero de ligno vetito comedit, non hoc voluntas naturalis, sed personalis, id est propria, fecit. Quod tamen fecit persona, non fecit sine natura. Persona enim erat quod dicebatur Adam; natura, quod homo. Fecit igitur persona peccatricem naturam, quia cum Adam peccavit, homo peccavit）」(ibid.)。そしてアンセルムスはこう結論する。「かくしてアダムの人格の罪はすべての人に伝わって、アダムから自然に広がっていき、彼らにおいて起源のもの、つまり自然のものとなる（Hoc modo transit peccatum Adae personale in omnes qui de illo naturaliter propagantur et est in illis originale sive naturale）」(ibid.)。自然が犯すことのできない罪を、唯一の人間アダムの人格に帰することで、その人格はたちまち自然へと転換され、こうして人類全体をその罪の共同責任者に仕立て、堕落のかたまり（massa perditionis）に変容させるのである。

א　ここで問題となっているのが、人格の罪を自然の罪に変容させるという企てである以上、アンセルムスにおいてもアウグスティヌスにおいても、原罪にかかわる語彙が植物に関連するものであることは驚くに値しない。この意味で教訓的なのは、罪の伝播を意味する専門用語として、propagare という動詞が使われていることである。この動詞はもともと「若芽を植えること」を意味していて、propago とは、灌木から姿を現わす若芽や新芽のことである（アンセルムスいわく、「もしも人間本性が罪を犯さなかったとしたら、それは神によって創造されたときのままで繁殖していたことだろう。罪を犯した後は、人間本性は、犯した罪によって被るがままに繁殖したのである（Sicut itaque（la natura umana）si non peccasset, qualis facta est a deo talis propagaretur, ita post peccatum qualem se peccando facit talis propagatur）」（ibid., p. 138）。同じような意味でアウグスティヌスは、神の恩恵を受ける人間を良い木《アルボル・ボナ》に、罪によって人間本性を堕落させた人間を悪い木《マラ・アルボル》に譬えている。それゆえまた、ペラギウスが次のように主張するとき、まさしくこの植物の隠喩を攻撃の的にしているとしても、偶然ではない。いわく、アダムの罪は「繁殖によってではなく範例によって（non propagine, sed exemplo）」、つまり自然ではなくて人格をとおして広がっていく、と。

2.8.　ただひとりの罪によって全自然が頽廃するという考え方を可能にする装置は、「かたまり、群れ（massa）」という用語にある。おそらくアウグスティヌスはこの用語を、先に（ヒラリウスとして」引用したアンブロシアステルの一節（「アダムによって誰もがいわばかたまりとなって罪を犯した［omnes in Adamo peccasse quasi in massa］」）から借りている。新約聖書の明快な先例は、『ローマの信徒への手紙』（9: 21）にあり、ここでは「ピュラマ（phyrama）」という語がラテン語の「マッサ（massa）」と訳されるが、否定的な含意はいっさいなく、陶工がそこから壺をつくる粘土のかたまりを意味している。いわく、「陶工は、同じ粘土のかたまりから（luti ex eadem massa）尊いことに用いる壺をつくることもできれば、不名誉なことに用いる壺をつくることもできるのではないでしょうか」、と。

このパウロの概念をアウグスティヌスは独自に発展させ、アダムの罪の結果として、ひとつの集団の堕落（massa perditionis）がもたらされる人間本性に関連させた。ここで決定的なのは、「マッサ」がパウロにおけるような前もって存在する何かなのではなくて、罪とともに存在することになるという点である。それはまるで、何かを生み出す力が罪にたいして与えられたかのようである。いわく、「最初の人間によってなされたことによる堕落のかたまり（ab illa perditionis massa, quae facta est per hominem primum）」（『信仰・希望・愛（エンキリディオン）』23, 92）、と。『キリストの恩恵と原罪』においても、こうした意味の言い回しが二回登場するが、ひとつ目はパウロの『ローマの信徒への手紙』（5: 12）の語法の解釈にかかわるものである。

「ひとりの人によって罪が世に入り、罪によってもたらされた死があらゆる人に浸透し、こうしてすべての人が罪を犯す」というからには、たしかに堕落のかたまりすべてが、堕落した者に取りつくことになった（universa massa perditionis facta est possession perditoris）（*De gratia Christi et de peccato originali*, II, 29, 34）。

つづいて二つ目は、洗礼を受けることなく死んだ幼児の堕罪にかかわる。

幼児は堕落のかたまりに属しているからでないとすれば（nisi quia pertinet ad massam perditionis）、どうして幼児が正当に罰せられようか。さらにアダムから生まれたものとして、罪の贖いによってではなくて恩寵によって解放されないとすれば、どうして幼児がいにしえの負債ゆえに断罪されようか（ibid., 31, 36）。

とはいえ、これ以前の著作においてもすでに「かたまり」の概念は原罪に密接に結びついている。『八十三問題集』（68, 3）において『ローマの信徒への手紙』の一節（9 : 21）を注釈するアウグスティヌスは、アダムの転落を呼び出し、この転落において「われわれの自然は罪を犯し（nostra natura peccavit）」、このときから神の摂理によって人間は、神の原型にしたがってではなくて汚泥のかたまり（massa luti）――実のところは罪のかたまり（massa peccati）――によってつくられる、という結論を引き出している。また、『シンプリキアヌスへ』においては、人類

(genus humanum) はしばしば「罪の唯一のかたまり (una quaedam massa peccati)」(I, 2, 16) として示されるが、そのすべては「罪の引き渡しと死の罰からなる全人類のひとかたまり (tunc facta est una massa omnium, veniens de traduce peccati et de poena mortalitatis)」(ibid., I, 2, 20) としてアダムによってもたらされたものである。

すでに指摘したように、アウグスティヌスの用法において重要なのは、「かたまり」という語の近代的な意味を決定している数の概念よりも、起源の概念のほうである。これら二つの意味は、実際には区別できないほどに密接に結びついている。罪のかたまりは人間本性と一致し、人間本性はまた、構成原理としても、さらに罪人の数の総体 (massa peccatorum) としても、「全人類のひとかたまり」である。くわえて予定説をめぐる諸著作においても、この「かたまり」という用語は、神の計り知れない選択という主題と結びついていて、とりわけ数の総体を決定している。たとえば『堅忍の賜物』(14, 35) において、選ばれざる者は、信仰なきユダヤ人たちがまたそうであるように、異教徒たちの「破滅のかたまり」のなかに見棄てられている (「神の正しい裁きによって、ツロとシドンの人々も見棄てられている、破滅のかたまりのなかでないとすれば、どこに見棄てられているか [……]。信じることのできなかったユダヤの人々もまた、同じく破滅のかたまりのなかに見棄てられているのである (ubi nisi in massa perditionis iusto divino iudicio relinquuntur, ubi Tyrii sunt et Sidonii ... In eadem perditionis massa relicti sunt etiam Iudaei, qui non potuerunt credere)」)。さらに『神の国』の最後の数巻においても、選ばれた者たちが救済を手に入れるのにたいして、残りの者は、罪を宣告されたかたまり（massa damnata）として堕罪のなかに見棄てられている。

ℵ　アウグスティヌスにおいて「マッサ（かたまり、群れ）」という用語は、堕落以後の――歴史的でかつ神学的な――人類の条件を指すものとして、ある意味で神学・政治的パラダイムとなっている。それゆえ、近代においてこの用語がまさしくこの意味でふたたび現われるとしても驚くことはない。近代のすべての政治的カテゴリーは神学的カテゴリーが世俗化したものであるというカール・シュミットの原理が、ここにおいてとりわけ当てはまることは意味深長である。十九世紀をとおして、さらに一九二三年にホセ・オルテガ・イ・ガセットが〔著書『大衆の反逆』において〕もはや不可逆的なその勝利を分析するまで、「マス」は、次第に人民にとって代わり、ますます新たな主権の主体として提示されるようになるのである。ここにおいて、右の党派か左の党派か、それとも肯定的な現象か最悪のカタストロフか、ということはさして重要ではない。

「人民」に相当するギリシア語「デモス」は、西洋の政治的伝統において重要であるにもかかわらず、新約聖書の用法においてほとんど登場することはない。これに代わって出会うのは、以下の三つ、「オクロス」（一七五回）と「プレトス」と「ラオス」である。「オクロス」はラテン語で「トゥルバ（turba）」や「プレブス（plebs）」と訳される（それゆえ近代的な意味で「マス」と訳すのも不適切ではないだろう）。「プレトス」は「マルチチュード」に近く、「ラオス」は「デモス」にくらべてよりニュートラルな用語である。「罪人たちのかたまり（massa peccatorum）」としての「マス」は、救済の摂理という非政治的な展望のなかで人民が引き受ける究極のかたちといえるであろう。十九世紀と二十世紀のあいだに、「マス」が世俗化して数々の政治運動の新たな主体となったときにも、その神学的な起源は決して反故にされることはなかった。アウグスティヌスの用語において悪魔的な力（possessio perditoris）を帯びるものとなった「堕落のかたまり」は、いまやその悪魔的な力から解放されて、みずからの支配を宣言する（これこそが「大衆の反逆」の究極の意味である）。しかしながら、もともとの神学的な由来という展望のもとに戻されるや、現代において繰り返される大衆の解放の企ては、失敗に終わるしかなかった。「罪に堕とされたかたまり（massa damnata）」は、その定義上、自力で解放されることはありえず、神の介入によってのみ解放されうるという点で、必然的に指導者や党の掌中に落ちることになるからである。二十世紀の全体主義的な運動の政治的主体は、収容所と殲滅の恐怖に終わるのだ。

2.9. 原罪をめぐるアウグスティヌスの教義において、とりわけ形骸化することになるのは、地上楽園の意味である。もし人間本性が堕落していっそう悪くなった（in peius mutata）とするなら、また、もしこのために人間がその原初の祖国から永遠に追放され、もはや接近すらかなわないとするなら、撤回されることになるのは「悦楽の場」の意味そのものである。「見るも麗しく口にも甘い」植物や木々とともにエデンに据えられた楽園は、決して元のように取り戻すことのできない失われた自然にかかわるという点で、人間にとってもはやいかなる意味ももちえず、たとえ存続するとしても、それは無益なままである。

アウグスティヌスによる注釈の実践において、このような自覚は、対応する『創世記』の各節の解釈の根本的な変化のうちに表明されている。まず最初、原罪の教義がいまだ完全には練り上げられていない頃のアウグスティヌスの二つの著作に見られる注釈のひとつ（『マニ教徒を論駁する創世記注解』）では、楽園とその木々は「人間の至福（beatitudo homines）」の比喩として寓意的に解釈されていた（「これらの語によって、祝福された生のもつ霊魂の悦びが比喩的に示されている（his verbis etiam spiritales deliciae, quas habet beata vita, figurate explicantur）」II, 9, 12）。この見方では、罪とその結果としての楽園からの追放は、人間本性の決定的な堕落や取り返しのつかない追放としてではなく、忍耐と愛によって回復できる善として現われていた。ラテン語訳で「その楽園から送り出された（dimisit illum de paradiso）」とある追放についての一節を注釈しながら、アウグスティヌスは次のように書いている。

いみじくも「追放する」ではなくて「送り出す」といっている。［……］実のところ人間は、この世の生の苦労のなかに送り出されたように思われる。というのも、手を伸ばせば生命の木があり、永遠に生きることができるのだから（*De Genesi contra Manichaeos* II, 22, 34）。

そして彼はこう結論づける。たんに地上の苦労の忍耐によって（per tolerantiam temporalium molestiae）だけでなく、愛によって（per caritatem）もまた、生命の木に近づくことができる、と（ibid. II, 23, 26）。

ところがずっと後になって、そのタイトルが強調しているように『創世記』の逐語的な注解（『創世記逐語注解』）が著わされたときには、解釈の戦略は根本的に変化している。アウグスティヌスがはじめに断って言うには、かつて回心して間もないころ、字義どおりの意味が見いだせなかった出来事については象徴的な意味で解釈していた。が、「原典をより深く調べ、より注意深く考察することで、それらの事実が、寓意的な意味においてではなくて本来の意味において書かれていることをわたしが証明してみせることを、いまや主が望んでおられる」（VIII, 2, 5）。この新たな見方は、ペラギウスとの論争や原罪の教義の練り上げとも軌を一にしているもので、それによると、「神が人間を置いた楽園は、地上の人間が住むことのできる地上のしかるべき場所以外のところにはない（nihil aliud quam locus quidam intellegatur terrae scilicet ubi habitaret homo terrenus）」（VIII, 1, 1）。迷いから醒めたかのような、こうした聖書のあらゆる寓意的な読みの拒絶は、アウグスティヌスが自分の師とみなすアンブロシウスにも深く影響を与えた、フィロンとオリゲネスにはじまる注釈の伝統をことごとくご破算にするという点で、きわめて重大なものである。ちなみにアンブロシウスは、楽園のうちに人間の霊魂の寓意を、生命の木のうちに知恵の像を見ていたのだった。こうした伝統に抗してアウグスティヌスは、「目の前に ante oculos」見えるものを無視しないようにと促すのだ。

人間は、骨の折れない愉快な農作業によって楽園を耕すために、楽園のなかに置かれた。[……]またそれは、楽園を守って、そこから追放されても仕方がないようなことをいっさいしでかさないように注意するためでもある。このために戒めを受け取ったのだから、それを守っていれば、追放されることはなかったであろうに（*De Genesi ad litteram*, VIII, 10, 22）。

アウグスティヌスにおいて、罪によって「転落した自然（natura lapsa）」の堕落に対応するのが、地獄の必然性である。『神の国』（XXI, 17 以下）において彼は、オリゲネスをはじめとして次のように主張する人（皮肉にも「情け深い人たち」と呼ばれている）にたいして論駁している。彼らによると、神が地獄の罰を未来永劫にわたって科すことはないだろうし、それどころか、最後の審判の瞬間にはあらゆる罪人（あるいは少なくともその一部、つまり洗礼を受けた者、あるいは最期まで教会にとどまるか施しをおこなった者）を救うだろうという。これにたいしてアウグスティヌスがいうには、「聖人たちの永遠の生には終わりはないのであるから、地獄に堕ちた者たちの永遠の懲罰にもまた終わりはないであろう」。ほかでもなく聖書の一節がその論拠となる（「呪われた者ども、わたしから遠く離れ、悪魔とその遣いたちのために用意された永遠の火のなかに入れ」〔『マタイによる福音書』25：41〕）。とはいえ、本当の論点は、堕落した自然は永遠に消えることなく癒されることもない、という点にある。もし完全に癒されうるとするなら、原罪もまた完全に贖われて帳消しにされてしまうだろう。こうして、一方では、永遠に空虚な地上楽園と、選ばれた者のための天上楽園が、他方では、「転落した自然」を永遠に生かしつづける地獄が、人間本性の存在論的な分裂と対応することになったのである。

2.10. 字義どおりに理解するなら『創世記』第二章と第三章の語りは、人間本性を二つに引き裂き、楽園を永遠に失われた過去のうちに据える違犯へと導くという意味よりほかの意味をもちえない、とアウグスティヌスは理解していた。さらに『創世記逐語注解』の第十一巻において、この書を締めくくるにあたり（というのも、パウロが心奪われたという楽園に充てられた第十二巻は後に書き加えられたものだから）、当該箇所の最後の節の字義どおりの解釈に関連して（「「主は」こうしてアダムを追い出し、生命の木への接近を見守るために、悦びの楽園の前に、炎に燃えて回る剣とともにケルビムを置かれた」）、アウグスティヌスは、次のような驚きを禁じえない。すなわち、堕落は別にして、霊的な楽園という寓意的な暗示をこっそりと再導入しないかぎり（nisi quia significat aliquid etiam de paradiso spiritali）、エデンの楽園についていわれていることは

「無益になる（frusta factum est）」ように思われる、というのである（ibid., XI, 40, 55）。

「無益になる」と述べたことで、アウグスティヌスはよき預言者となった。というのも、原罪の前と後で楽園に起こることは無益なことであるという疑いは、神学の歴史に何度も登場し、不十分で紋切り型の説明がそのつど提起されねばならなかったからである。このことを理解するには、『神学大全』の一節（I^a, q. 102, a. 2, arg. 3）で十分である。

> 住む者が誰もいない場所は無益であるが（frustra est locus in quo nullum locatum continetur）、罪の後、楽園はもはや人間の住む場所ではない。それゆえ、そこが人間の住処《すみか》にもっとも適した場所だったとしても、神によって無駄に設けられたのである。

トマスが下す答え――「このようにして人間にたいする神の慈愛が示され、罪によって人間が何を失ったかが示される」――は、アウグスティヌスによって示唆された答えほど満足のいくものではない。もし楽園の唯一の意味が、罪を犯す機会を提供するものであるのなら、せいぜいのところ悦楽の園は、無駄に創造されたことになる。来たるべき王国が人間の歴史の中心のパラダイムである一方で、楽園は、このためにいかなる意味も欠いているのである。

א　このような見通しにおいて、ペラギウスにたいするアウグスティヌスの論争の隠れた動機のひとつは、まさしくエデンの園の現実的なステータスにかかわるものである。ペラギウスとカエレスティウスの教えるように、人間の霊魂が罪を犯さない可能性を保持しているとするなら、人間はなおも、楽園でもっていた原初の正義と何らかの関係を保っていることになる。アウグスティヌスにとって何としても断ち切らねばならないのは、まさしくこの人間性の原型的な過去との関係である。人間本性はアダムの罪によって取り返しのつかないまでに堕落したのであり、エデンの正義との関係を維持しようとするいかなる要求も、非難すべきものであり幻想でしかない。これにたいしてペラギウスは飽くことなく繰り返す、罪を犯さない可能性は、創造の瞬間に人間本性に与えられた恩恵であり、この恩恵はアダムの侵犯の後も保持される、と。

第三章　人間はいまだかつて楽園にいたことはなかった

3.1.　原罪や地上楽園をめぐるアウグスティヌスの教説は教会の伝統に不可欠なものになった。とはいえ、中世の思想史には、これとはかなり違ったエデンの園のイメージを提示する著述家や著作があった。ここではとりわけ次の二つの著作、すなわち、スコトゥス・エリウゲナ[1]の『自然について（*Periphyseon*）』とダンテの『神曲』を取り上げることにしよう。

エリウゲナの全五巻にわたる著作を読むにあたって、この著者についてあらかじめ断っておかねばならない。レオ・シュトラウス[2]が『迫害と叙法』のなかでマイモニデスとスピノザを論じた考察は、とりわけエリウゲナにこそしっくりくるということである。神学に関してまったく新しい命題を発表していることは十分に承知のうえのことだったので、エリウゲナは幾重にも予防線を張り、矛盾や晦渋さをふんだんに織り交ぜ、権威ある引用をこれでもかというほど配さなくてはならなかった。教会の伝統に自分が忠実であることは、そうした引用が裏書きしてくれるはずであったからだ。その点からすると、アウグスティヌスのテクストを戦略的に利用することほど、示唆に富むものはない。実際、初期の著作『予定論』からすでに、エリウゲナは反アウグスティヌスの神学を構築していることを自覚していた。彼にとって、焦眉の急は、この「いとも神聖にして神のごとき神学者」（803B）に自分が従順であることを公言し、学殖豊かな引用を織りなすことで、アウグスティヌスとの歴然とした相違が、ギリシア人の見解とローマ人の見解とを和解させようとした結果であるかのように装うことだったのである。エリウゲナにとって、ギリシア人の見解はニュッサのグレゴリウスに代表され、他方ローマ人の見解としては、「アウレリウス・アウグスティヌスを凌ぐ最高の権威は存在しない」（804D）。議論がいっそう白熱するのは第四巻で、彼の『創世記』解釈は、あからさまに公言してはいないが、原罪をめぐるアウグスティヌスの説に反論しようとするものである。

第三巻で『創世記』（1：20）――「神はまた言われた、「生き物が水の中に群がり、鳥は地の上、天の大空の面を飛べ」」――に注釈を加えたときにすでに、エリウゲナはプラトンにさかのぼる生命論を展開しているが、それは当時の思想には符合しない。「世界の四大元素、星々のきらめく天空、惑星の浮かぶエーテル、雲やそよぐ風にみちた大気、稲妻、その他の天気の乱れ、また水とその波動には、魂のみならず、ありとあらゆる生命が欠けている」（728A）と唱える人々に反して、エリウゲナは次のように述べている。

哲学者随一のプラトン、ならびに彼に追随する人々の主張するところでは、世界の全一的な生（generalem mundi vitam）が存在するだけでなく、ひとつの肉体に属するいかなる種も、いかなる肉体も、生命を欠いてはいないのである。そして彼らはこの生命のことを全一的な魂、もしくは種の魂と呼んだ（ibid.）。

ここでエリウゲナが「全一的な生」と並んで導入しているのが、「生命運動（vitalis motus）」なる概念である。いかなる被造物といえども、全存在に浸透して生命を賦与するこの運動を抜きにしては存立しえない。

もしも［……］いかなる実体といえども、これを維持し現存せしめる生命活動を欠くわけにはいかないとするなら、また、自然に動くあらゆる存在は、その生命運動の原理を受け入れているとするなら、そこから必然的に帰結するのは、あらゆる被造物はそれ自体で生であるか、あるいは、生を分かち合って、何らかの仕方で生きているかである（aut per se ipsam vita sit, aut vitae particeps et quodam modo vivens）（728B）。

エリウゲナがプラトンをはっきりと念頭に置きながら言うこの「きわめて全一的な」生のことを、「賢者たちは、もっとも普遍的な世界の魂と呼び、神智を研究する者たちは、共通の生と呼んでいる」（729A）。ここで、エリウゲナはプラトンのテーゼを尖鋭化して、この「共通の生」を死にまで拡大している。たしかに、いかなる被造物も生命を欠くわけにはいかない。とはいえ、わたしたちの感覚には死んでいると思われるような肉体も、実際には生から見棄てられているわけではない。

肉体の組成や形成が生のなせる業《わざ》であるのと同様、肉体の分解、形の喪失、さらに肉体がそこから引き出されたところの諸元素への回帰もまた、同じ原理に則っている〔……〕。実際のところ、肉体が崩壊するときに、崩壊するその当の肉体以外のどこに生はあるというのだろうか。生は組成されたものから組成されないのと同じように、解体されるもののなかで解体されるわけではないし、再生するもののうちに再生はしない。また、ばらばらに分離されているものほど、その全体を結合して活気づかせるものはないし、部分よりも全体のほうがより大きい、つまりより強いというわけでも、全体よりも部分のほうがより小さいというわけでもないのである。わたしたちが肉体の死と呼んでいる解体は、わたしたちの五感や物質にとってはそのようなものであるが、それ自身に分かちがたく宿って、まさしく同じ瞬間に常に全体であり、時間と空間ごとに分割されないその本性そのものにとっては、解体ではないのである（729C）。

したがって、人間の生もまた常に「人間は人間であることをやめない」（homo non desinit esse homo）といったものであることになる。しかも、人間は肉体と魂であるがゆえに、「たとえ肉体がばらばらになっても」、常に魂と肉体であるだろう。

人体は、生きていようが死んでいようが、人間の肉体である（Corpus humanum, sive vivum, sive mortuum, corpus hominis est）。同じく人間の魂は、おのれと一体化している自分の肉体を支配していようと、あるいは、いったんばらばらに分解してしまうや五感にそう感じられるとおりに、その支配をやめていようと、人間の魂であることを決してやめたりはしないのである（729D–730A）。

魂と生とは、エリウゲナにいわせれば、完全に同義なのである。

3.2. この哲学者がここにいたってその論述を集中するのは、まさしく人間の生を分析する箇所である。植物的、感覚的、知性的な生というアリストテレスの区分を繰り返しながら、エリウゲナが述べているのは、三種類の生のいずれも人間のうちに含まれているが、実際のところそれらは単一の能力であって、「全体的な仕方ですべての人体に、なおかつ、特有の仕方で個々の人体に同時に」（733D）作用する、ということである。いつもの大胆さでエリウゲナがとりわけこだわるのは、伝統的にほかよりも劣っているとみなされてきた生、感覚も知性も欠くがゆえに、いわば「生でも魂でもない」(734C)ように思われかねない生、すなわち、植物的な生にほかならない。彼はその生命力をかえって強調するために、これを「胚芽の生(germinalis vita)」と呼んでいる。

その根という根(radicitus)で地面とつながって無数の若芽や草として土から芽を出すあらゆる生物を培い殖やし、さらに、同一の種と個々の類に似せて花、果実、種子と自然に推移していくこの自然力(vis naturalis)を軽んじてはいけない(734D)。

その区分を度外視して、生の単一性がもういちどあらためて強調されているのである。

感覚界にあるすべての物体は、運動していようと不動だろうと、生命活動に包括されている(vitali motu continentur)。

ここでエリウゲナが、犬からラクダ、ハゲタカから馬、コウノトリからキジバトにいたるまで、動物の魂も人間の魂と同様に不死であると断言しているとしても、何ら驚くべきことではない。魂と肉体で構成される実体、すなわち動物と呼ばれる類がただひとつしかないのは、実質的にすべての動物がその類のうちに現存しているからである。実際、人間であれ獅子であれ、牛であれ馬であれ、その類にあっては唯一のものであり唯一の実体なのである（in ipso unum sunt et substantiale unum）。もしそうだとすれば、その類に属するすべての種がなくなり、人類だけが残るというのはどうして可能であろうか。［……］もしすべての種が類にあっては唯一のもの（in genere unum）であるとすれば、その唯一のものの一部がなくなって、他の部分で存続するということがいったいどのようにして可能になるのだろうか（737C–738A）。

ここにきて自分の主張がとんでもないものだと気づいたのか、エリウゲナは用心深く、その過激さを和らげようとしている。

わたしたちがこんなことを述べて、教皇たちの論拠を打ち砕こうとしているなどとは誰も思わないだろう。むしろ、わたしたちができる範囲でつとめて、その論拠のうちの有効なものを保持しておくことが必要である。［……］わたしたちの主張は、誰の解釈も危険にさらすわけではない。むしろ、もっと綿密に研究し、真理を詮議してのちにより本当らしく思えることを信奉するように読者を促すのである（739B）。

3.3.

『自然について』の第一巻で、創られたのではなく創る自然について、すなわち万物の原因としての神について論じ、第二巻で、創り創られる自然、すなわち第一原因について論じ、第三巻では、創られたが創らない自然、すなわち、時間と空間のなかで生み出されたものについて論じたのち、エリウゲナは第四巻を「創りも創られもしない自然への万物の還帰」のために割いている。すなわち、みずからにたいする絶対的内在の最初にして最後の状態にある自然への還帰である。このとき、神をしておのれを脱して天地創造に導かしめた過程が永遠に完遂されることになる。それまでの章では「難破する怖れのないほど波穏やかな凪《なぎ》の海」を渡ってきた精神という名の船が、ここでぶつかることになるのはむしろ「険しくごつごつとした岩礁だらけの航行不能な海域［……］」である。「そこでは、船を砕く暗礁さながら、ほんのちょっとした些細な解釈のあいまいさがもとで、たちまち座礁してしまう」(743D)。

事実、人間の創造と、エデンの園での人間の暮らしについての『創世記』の物語を読み直すことでエリウゲナは、その究極の意味を、アウグスティヌスの『創世記逐語注解』に反して、寓意的でしかありえないような意味として理解しようとしているのである。この著者が円滑にその航路を進むことができるのは、またもや自然（生）と魂、生理学と心理学の無条件の統合という羅針盤のおかげである。

実際に、万物の全一的かつ共通の自然がそこにはある。巨《おお》いなる水源のように、唯一の完全原理により創造されたこの自然から、かたちある被造物の隠れた通路を経て、さまざまな姿形の個物のせせらぎが流れ出ている。自然の神秘に発してさまざまな種に伝わっていくこの力は、まずは同一の種のなかで湧き出て、ついでさまざまな体液に混じり合い、最後には個物となって沸き立つのである（750A）。

したがって、あらゆる生物の種はただひとつであり、人間は、エリウゲナが倦むことなく繰り返す定理によれば、「さまざまな動物の普遍種として創られた（in universali animalium genere homo conditus est.）」（751A）。

この定理がいっそう危険であるのは、諸生物にたいする人間の優位的地位に疑問を呈するからである。人間が諸動物のなかのひとつの種として創られ、他の生き物と同じく完全に動物であるとするならば、この点について、「弟子（Alumnus）」――エリウゲナがもっとも熾烈な反論を提示させる対話者――が問うのは、「神に似せて創られたのが他のいかなる動物でもなく、唯一人間だけであるということがどうして可能なのか」（750C）ということである。この問いにたいする「教師（Nutritor）」の返答がまた絶妙だ。一見、人間の優位性を維持しながらも、実際にはそれを無効化してしまっているのである。神が人間を諸動物の種として創造したのは、人間のうちに自然全体を創造しようとしたからだ、というのである（764B）。人間の優越性は、人間が諸生物に含まれているように、魚類から爬虫類や鳥類にいたるまで、全生物が人間のうちにあるという点に依拠している。

人間がすべての動物のなかにあるとともに、すべての動物が人間のうちにあり、人間がすべての動物を凌駕していることがわからないのか（752C）。

したがって、矛盾をうまく利用してエリウゲナが主張するのは、「正確にいえば「人間は動物である（homo animal est）」とともに「人間は動物ではない（homo animal non est）」」ということである。前者の徹底した命題からは、生の不可分の単一性が派生してくるのに比して、後者の命題を動機づけるのは、教会の伝統に則った常套句なのである。

理性、知性、内感覚といった上位器官の点では［……］人間は諸動物の本性に含まれているすべてのものを凌駕している（753A）。

しかし、このことはつまり人間のうちに二つの魂、すなわち、動物の魂と神に似せて創られたもうひとつの魂があるという意味なのかとの「弟子」の質問にたいして、「教師」は、人間の魂は唯一にして不可分であるとにべもなく答えている（firmissime teneo）。

〔人間の魂は〕どこでも完全にそれ自身である（tota enim in se ipsa ubique est）。完全に生であり、完全に知性であり、完全に理性であり、完全に感覚であり、完全に記憶であり、完全に肉体に生気を賦与し、肉体を養い維持し成長させるのである（tota siquidem vita est, tota intellectus, tota ratio, tota sensus, tota memoria, tota corpus vivificat, nutrit, continet, auget. 754C）。

それゆえ、単一の魂でありながらも、その運動の数に応じて、多くの名で呼ぶことができるのである。

> 神の存在の周りを経めぐるうちは、〔魂は〕心性《メンス》、精神《アニムス》、知性《インテレクトウス》と名づけられ、被造物の本性と原因を考察するときには、理性《ラティオ》と名づけられ、肉体の五感をつうじて可感的存在の形象を受けとるときには感覚《センスス》と名づけられ、さながら理性なき魂のごとくに肉体を培い成長させるという肉体にひそむ運動にひたすら徹するときにはしかるべく生命運動《ウイタリス・モートウス》と呼ばれるのが常である。しかし、魂はこれらいずれの運動のどこでも全体として存在している（754D）。

この時点でエリウゲナは慎重にも、人間における動物的なものと神的なもののあいだの差異をことごとく無にする命題を発するという役割を、「弟子」に委ねることになる。いわく、「とすると、魂全体は、動物の類として地から生み出され、かつ、神に似せて創られたことになる(Tota igitur et in genere animalium de terra producta est et tota ad imaginem Dei facta. ibid.)」、と。さらに少し後の箇所で、今度は「教師」が、エリウゲナの思想の斬新さを残らず凝縮した定理によって解き明かす。

それゆえ、わたしたちが人間本性について述べたことにくれぐれも当惑しないように。すなわち、人間本性はいたるところでそれ自体として全体である。つまりは、人間本性全体は、動物としてまったき神の似姿であり、神の似姿としてまったき動物なのである(imaginem in animali tota et animal in imagine totum)。その創造主が人間本性のうちに最初に創ったものはすべて、総体として元のままでありつづけるのである(totum integrum manet. 761B)。

「弟子」はさらに、神が自分に似せて創るのを欲したのがなぜ人間だけで、他の生き物ではなかったのか、と畳みかけてくるのだが、これにたいして「教師」は、「白状するとわたしはそれについては何も知らない(fateor me omnino ignorare. 764B)」と答えているだけである。

3.4. エリウゲナが、エデンの園と原罪をめぐるそのきわめて独創的な解釈に着手できるのは、まさにこうした前提をしっかり踏まえるからこそである。天地創造を一回かぎりと認め「その著作のどこでも、原罪以前の最初の人間の肉体は現世の動物の肉体のままであったと主張する」（803B）アウグスティヌスに反して、エリウゲナは、グレゴリウスの権威に訴えつつ、それ自体としては一回かぎりの天地創造を二分しているように思われる。最初の創造で創られた肉体は、「復活のときにわたしたちが有するであろう肉体と同様に」（800A）不死にして霊的なものであった。他方、朽ち果てて死すべき肉体は、第二の創造のときに罪の結果として最初の肉体に付け加えられたものである。ところが――そしてまさしくここがエリウゲナの教説の緻密なところなのだが――「神にとってすべてのことは同時である（ipsi omnia simul sunt）がゆえに、神には過去も未来もその中間も存在しない」（808B）ため、罪以前と罪以後について云々するのは、時間の範疇に従属する移り気なわたしたちの想念にとってしか意味をなさないのである。実際のところ、

人間が罪を犯すよりずっと前に、神は人間とともに、罪のさまざまな結果を人間のうちに創っていた。人間のなかに創られた諸性質のうちのあるものが、神の善性によるものとみなされ［……］また別のあるものが、逆に、あらかじめ知られている罪悪によるものとされるというように（807C）。

罪のさまざまな結果――朽ち果てるべき現世の動物の肉体、獣と同様の分娩法、飲食の必要など――は、アウグスティヌスのいうような、人間本性をある時点において堕落させた罪にたいする罰として生じたわけではない。罪の結果がつくられたのは、ある意味で極めつけのアイロニーだが、なにがしかの罪深い出来事よりも前に、神の叡智によって動物の肉体として創られたからであり、その肉体は、最初の肉体に第二の肉体としてではなく、常にすでに霊体《コルポ・スピリトウアーレ》をまとう朽ち果て移ろう覆いとして付け加わったものなのである。

実のところ、生まれつき本質的に魂と一体になって、人間をかたちづくる肉体は、ただひとつのものである（803A）。

この独特な教説に暗に含まれているさまざまな示唆をあらためて考察してみなければならない。その動物性という点でもまるごと神の似姿である唯一の人間本性の一部として、罪の結果が罪以前に神によって創られたのだとすれば、アウグスティヌスのいう意味での原罪の可能性そのものは根底から潰《つい》えてしまう。そのいつもの戦略にしたがって「教師」はここで、エリウゲナが自分の定理から引き出そうとしている帰結を、アウグスティヌスを引用することで先回りして代弁させているのである。『神の国』（XV, 26）でアウグスティヌスが、「人間が楽園で生きた（vixit）〔完了形〕」でも「生きていた（vixerat）〔過去完了形〕」でもなく「人間が楽園で生きるようになった（vivebat）〔未完了過去形〕」と書いているとするなら、それは、彼がその動詞を、開始を示す意味で用いているからである。

わかりやすくいえば、それはあたかも「楽園で生きはじめつつあった」と言っているかのようである。〔……〕事実、この種の過去時制は、動詞の時制の意味を丹念に吟味する人々によって「開始を示すもの」と呼ばれている。つまるところ、それは、いまだ遂行されていないことの開始や前兆を示しているのである（808D–809A）。

エリウゲナがここで提唱している前代未聞の説は、人間が実際には楽園にいちどたりとも住まっていないということだ。楽園でのアダムの生活は、開始を示す動詞の意味にしたがって、あたかも過去ではなく未来のことを指しているかのように理解されなければならない。アウグスティヌス——正反対の教説を誘発するためにもういちど召喚される——が、かつて悪魔は天使たちに交じって福者であったためしなどなく、天地創造の始めから堕落していたと、『創世記逐語注解』のなかで書いているように、「人間は、時間の間隔を一切おかずに何の感覚作用もなく、自然に創られた楽園にいたことはなく、たちまち真理の道を踏み外してしまった（mox de via veritatis deviasse）」（812B）。あたかも楽園で起こったことのように聖書で語られていることは、すべて「楽園の外で、なおかつ罪以後に起こったものと解されるべきである（extra paradisum et post peccatum fuisse intelligenda.)」(833C)。

実際には——と、ここでエリウゲナは自分の手の内を明かしているのだが——すでにオリゲネスやアンブロシウスが示唆しているとおり、楽園は現世にある森深き実在の場所ではなく、むしろ人間本性そのものとして寓意的に理解されるべきものである。

聖書では「楽園」という語によって、神に似せて創られた人間本性が比喩的に表現されている。神の真の園とは、自分に似せてエデンに創られたこの自然本性のことである。[……] この園の肥沃の地は、潜在的に不死の肉体であった。[……] そして、どんな形象をも包含するこの地の水は、不朽の肉体の感覚能力であった(822A)。

だが、もしそうだとすれば、そしてもし楽園が人間本性そのものにほかならないのだとすれば、人間はその本性に一歩たりとも足を踏み入れたことはなく、常にすでにそこから去っていることになる。人間はいまだかつて楽園に入ったことがなく、罪や堕落について聖書で語られていることは、楽園の外で起こったこととして理解されなければならないというのはすなわち、罪は人間本性の外で起こったのであり、人間本性には一点の穢れもないということだ。「教師」いわく、「楽園が神の悦楽の園であるとすれば、神に似せて創られた人間本性は、いかなる罪との接触によっても歪められることはなかったのだ」(837A)、と。

自然本性はたった一回かぎりのアダムの罪によって決定的に堕落し罪深いものとなった（facta peccatrix）とするアウグスティヌスの教義が、ここでは根底から否定されている。これ以上過激なペラギウス主義は想像しがたい。

神の善性がこれに与《あずか》るあらゆる被造物のうちにまるごとあって、森羅万象にその善性が浸透するのを妨げるかもしれないような何らの悪も愚鈍も無知もそこにはないのと同じように、人間本性（humanitas）は人類全員にいきわたり、善人であれ悪人であれ、すべての人にまるごと存在しているのである。人間本性は、いかに愚かな人によっても拒否されるわけではないし、いかに悪意のある人によっても差し引かれるわけではない。すなわち人間本性は、悪徳によって堕落するわけでも、卑劣な人によって腐敗するわけでもないのだ。人間本性は、万人のうちで純粋なまま、傲慢な人で膨れ上がったり臆病者で萎縮したりすることなく、図体が大きくなると大きくなるわけでも、小柄だと小さくなるわけでもない。むしろ、万人に等しく、これを分かち合う者には平等にやってくるもので、善人だからといって悪人よりもより良いというわけではなく、善人よりも悪人のほうがより劣っているということもない。五体満足の人間だからといって、なにがしかの理由で原初の完全な状態を損ない五体満足とはいかない人々よりも完全というわけではないのである（942C）。

このように、罪によって人間本性が堕落するわけではないことは、オリゲネスの主題をはっきりとなぞって、伝統的に罪に科されてきた罰にも拡大されている。

人間本性は、いかなる罪からも自由でまったく縛られていないのと同じように、罪にたいするいかなる罰からもあまねく自由で縛られてはいないのである（943C）。

世俗の判事たちが罪とともに肉体を罰するのにたいして、神は「いわくいいがたい方法で」罪を罰するが、本性は罰しない。いずれにせよ、「敬虔な人も無神論者も、人間本性は常に元の無傷のままで穢されることはないだろう」（946A）。

3.5. 動物の類として神（すなわち楽園）に似せて創られた人間性は——これこそエリウゲナの主張の勘所なのだが——常にすでにその完全性のうちにありながら、しかし、人間はいまだそのうちに入ってはおらず、常にすでにそこから去っているのである。罪と呼ばれているものは、実のところあらゆる罪深い行為に先行する、この退去のことだ。『ルカによる福音書』の一節（10:30）、「ある人がエルサレムからエリコに下るときに追いはぎに出くわした」を注解しながら、エリウゲナはこれを人間が楽園を去る、すなわちおのれの自然本性を離れる寓意と解釈している。

実のところ「ある人がエルサレムにいたときに追いはぎに出くわした」とは書かれていない。仮に人間本性がエルサレム（すなわち楽園）にとどまっていたならば、追いはぎ（すなわち悪魔とその子分）に出くわしたかどうかたしかではない。［……］この一節は、人間が悪魔に誘惑される以前に、おのずから堕落したのだ、と理解すべきである。これにくわえて理解すべきなのは、楽園のなかにとどまるのではなく、楽園を去って（descendente eo）、しかも、楽園の幸福（エルサレムという語は平和の展望を意味する）をみずからの意志で棄ててエリコ（すなわち現世）へと下っていくうちに、悪魔に傷つけられ身ぐるみはがれたということなのだ（811C）。

人間は常にすでに人間本性を出て「下っている（descendens）」がゆえに、人間性を堕落させるような罪はない。悪とはこの「下落（discesa）」のことであり、そういうものとして悪にはいかなる生来的原因もありえない。悪の唯一の原因は意志なのである。

罪は生来のものではなく意志によるものである（non enim peccata naturalia sunt, sed voluntaria）。あらゆる罪の原因は、天使においても人間においても、自分の邪悪な意志（propria perversaque voluntas）である。ところが、この邪悪な意志という原因は、理性的な被造物の生来の運動のなかにはない。実際、善は悪の原因ではありえないので、したがって悪には原因がなく、一切の生来的原因を欠いているのである（944A）。

この「諸事物の自然本性のうちに存在してはいない」悪を、エリウゲナは、実体としてではなく、「潜在能力《ポテンツァ》の欠如（intimae virtutis defectus.）」（ibid.）として定義しているが、その洞察力は、スピノザの理論をも先駆けるものである。悪とは、人間本性に含まれている善の濫用にほかならない（praeter naturalibus bonis abusionem. 975B）。それゆえ、罰を科すことができるのは、意志の動きにたいしてなのであって、自然本性の動きにたいしてではない。

自然本性は、これを分かち合うすべての者のうちにそれ自体で遍在している。最高善は、穢されることも堕落することもなく、無傷で不変で安全で完全なままに共有されているのである。自然本性が神格化されているような選ばれた者たちにおいては、どこにおいても祝福され栄光に充ちている。かたや罪人においても、自分たちの実体的な特性が無に帰することのないよう、優れたままの自然本性に与《くみ》しているのである（944B）。

3.6.

エリウゲナがエデンの園にあてがっている特異な位置について考察することにしよう。人間本性と符合しているので、エデンの園はいつでも存在している。必ずしも現世の場所というかたちではないとしても、決して存在をやめることはない。かくて人間——すなわち、自分の善を濫用することで、常にすでに自然本性を捨て去ってしまったがゆえに、おのれの自然本性にいまだ接近したことがない生き物——は、いずれ万物がその原因に還帰する暁には、結局のところ必然的にそこに回帰することになる。楽園——人間本性——とは、人間が実際にはまったくいたためしがないながらも、そこへと回帰しなければならない先のことである。ところで、この回帰は、時系列上で理解されるべきものではなく、むしろ、脱出と回帰が共存するように、常にすでに生じていることなのである。この点では、『自然について』の第二巻ですでに、十六世紀になってはじめてユマニストたちがふたたび取り上げることになる向こう見ずなテーゼをエリウゲナが表明できたとしても、何ら驚くべきことではない。そのテーゼによれば、楽園は実際には現世と変わりがない。なぜなら、原初の諸原因において、楽園と現世との根拠はただひとつのものだからである。エリウゲナいわく、

楽園は、その容量といい広さといい、住むことのできるこの現世と選ぶところがない。むしろその違いはひとえにそこでの過ごし方の違い、至福の相違である。現に、最初の人間も、もし罪を犯さなかったとしたなら、現世で幸せに生きることができただろう。というのも、原初の諸原因において、現世の根拠と楽園の根拠はただひとつのものだからである（538B）。

したがって「すべての人間は幸福に充ちた大聖堂に足を踏み入れるのと同じように、各自の身の丈に応じて楽園に入るだろう」(982B)。そして、人間が常にすでに存在してはいるものの、まだ一歩たりとも足を踏み入れていない、この聖堂——人間本性と現世——は神が宿る場でもあるのだ。

実際に神は、人間の本性と天使の本性以外に宿ることはない。真理の瞑想が起こるのはそこにおいてのみである(ibid.)。

ここで際立ってくるのは、人間本性をめぐる神学的な考察が、地上楽園の意味や原初の違犯の現実性をめぐる考察と一致しているために、「人間本性」という概念そのものが、罪の観念に密接に関係して神学者たちによって練り上げられ、その構成上の両義性をこの罪から引き出しているともいえるほどだ、ということである。ローマ・カトリック教会で優勢を占めることになるアウグスティヌスの伝統では、自然本性と罪とは不可分に結びついていて、人間本性は、すでに失われてしまった原初の自然と「堕ちた自然(natura lapsa)」とに決定的に分裂してしまっている。その結果として、楽園は歴史的に実在する場となる。人間は神によってそこに置かれたのだが、罪によって人間の自然本性が穢されたときに永久にそこを後にしたのである。楽園はいまや、堕ちる以前の本性とまったく同じように、永久に近づくことのできないものであり、人間がみだりに楽園に侵入しようとしないようにと、智天使《ケルビム》が炎の剣とともに寝ずの番をしている。取り返しがつかないほど堕落してしまった原初の自然をある程度まで回復する唯一の可能性が託されるのは、実のところ、歴史と救済の摂理――そこにおいて教会は秘跡をつうじて作用している――や、もうひとつの楽園、つまり最初の楽園とは違う――現在ではなく未来の――選ばれた者だけのための天上楽園なのである。かたや「堕ちた自然」は、その劫罰の責め苦を受ける地獄にいまも存在しつづけ、これからも存在しつづけることだろう。

一方、エリウゲナによる第二のモデルでは、楽園――すなわち人間本性――は罪とはまったく無関係で、『創世記』で語られる堕落の物語は楽園の外で起こったことと理解されなくてはならない。救済史はもともとそこにはない。なぜなら人間本性は常にすでに救われているからだ。楽園――そのありとあらゆる生――は、いまだかつて失われたことなどいちどもない。常にその場所にあり、たとえ人間がそれをたえず濫用しても、元のままの善のモデルとして残りつづけて、決してこれを腐敗させることはできないのである。人間がいまだ足を踏み入れたことのない天上楽園は、地上楽園と何ら区別されるところなく、人類全体が有史以来、ずっと待ち望んできた、禁断にして手つかずのままの原初の自然本性への回帰と一致しているのである。

第四章　神の森

4.1.　『神曲』において中心的な役割を果たしているのが、地上楽園およびマテルダとの邂逅であることはすでに指摘されている。ジョヴァンニ・パスコリ[1]が述べているとおり、まさしく原初の楽園の「驚くべき光景」のなかで、

ダンテは自分を見いだした、マテルダを、自分の芸術を、自分の詩を見いだしたのである。彼の詩は林から森へ、森から至高天へといたる。彼の詩の中心はかのマテルダのいる森である。彼女のうちで、活動的な生と観想的な生が渾然一体となっている〔……〕（PASCOLI, p. 539）。

ところが、若干の例外を除き、注釈者たちがとりわけ力不足を露呈してしまうのは、詩的なモチーフと神学的・哲学的なモチーフがきわめて濃密に交錯するまさしくこの決定的なエピソードをめぐってなのだ。マテルダに関して、彼女が詩的着想を意味することはあらゆる点で明らかで

あるにもかかわらず、噂話にありがちな定石どおりに、その名前から該当する実在の人物を特定することがほとんどもっぱらの関心事になっている。たとえば、これといっためぼしい理由もないのに、マティルデ・ディ・カノッサ伯爵夫人、あるいは、同じく根も葉もないのに、聖ベネディクト会の尼僧マティルデ・ディ・ハッケンボルンやマティルデ・ディ・マグデブルク、しまいには、ただの「フィレンツェのさる淑女」といった具合である。くわえて、ここでもまた、ダンテの思想はいつも決まって当時の神学者たち、ことにトマス・アクィナスの思想に結びつけられている。地上楽園のエピソードとマテルダ像を主題にして、たしかに有益な一冊を著わしたもっとも慧眼な評者のひとりであるチャールズ・シングルトンまでもが、ダンテは自説を発想したわけではなく、「当時の思想や教義のうちにすでにあったものを採用して」（Singleton, p. 25）これを受け入れたのだ、ということを明らかにしようと汲々としている。それではまるで、（いくどとなく哲学者を自任していた）ダンテの精神が、独創性、着想力、一貫性という点で、トマスを含む彼と同時代のスコラ派哲学者たちよりはるかに劣っているかのようであり、また、「着想（inventio）」が、詩的実践の構成要素ではなくて、他人が考案した思想を修辞的粉飾で偽装するという無益な務めに還元されてしまうかのようである。

こうした独創性や着想力を証明しているのは、とりわけダンテによる地上楽園の「古き森」の描写である。伝統的な表現といくつかの点を共有しているとしても、それとはかけ離れたもので、結果として生まれるイメージは、異端とはいわないまでも、決定的に新しいものといえるほどだ。

あらゆる描写に不可欠の要素となっている『創世記』(2: 10–14) の四つの川、ピソン、ギホン、チグリス、ユフラテが姿を消して、いまやレーテーとエウノエ[2]と呼ばれる別の二つの川で置き換えられ、浄罪にいたるダンテの遍歴で重要な役割を果たしているばかりではない。『創世記』では触れられていない四つの星(ニンフでもある)がエデンに輝いているのみならず、いつもの伝統にしたがえば、誰もいないか、それともエリヤとエノクが仮寓を見いだすにすぎなかった庭園に、前代未聞なことにも、歌っては踊る、恋する乙女がひとり住んでいるのである。「淑女がたったひとりきりで/歌を口ずさみながら歩んでは、その道を一面に彩る/花また花を摘んで」(『煉獄篇』XXVIII, 40–42)、「恋する女のように歌っている」(XXIX, 1)。この乙女との遭遇は、恋の出逢いのように描写されている。というのも、この乙女の両目に輝いていたのが、エロスの矢に傷ついたウェヌスの「眉の下に」(XXVIII, 64–66) 瞬くのと同じ光だっただけでなく、ダンテもまた、ヘロに恋したレアンドロスに自身をなぞらえることができたとすれば、同じ愛に燃えていたように思われるからだ。これまでも指摘されてきたように、この情景全体は、田園をあてどなく彷徨《さまよ》う詩人と恋する乙女の出逢いを描く「牧歌《パストレッラ》」という抒情詩のジャンルを想起させる。こうした指摘は大いに説得力があるので、楽園での女性描写(「淑女がたったひとり歩んで(una donna soletta che si gia)」「恋する女のように歌っている(cantando come donna innamorata)」)は、ダンテが知らないはずはなかった「林のなかに羊飼いの少女が(In un boschetto trova' pasturella)」というグイード・カヴァルカンティの「牧歌」中の呼応する詩行、「たったひとりきりで林をめぐり（che sola sola per lo bosco gia）」「恋する女のように歌っていた（cantava come fosse' nnamorata）」をことさらに喚起させるように思われるほどである。

だからといって、必ずしもマテルダに宮廷愛の寓意が認められなければならないというわけではないだろう。とはいえ、仮にそうだとしても、彼女が恋愛抒情詩の世界と関係があるのはたしかで、「エピソードの背景にある清新体派の基調」についてしかるべく語ることができるほどである。ただし、あくまで忘れてはならないのは、ダンテが『饗宴』のなかで倦むことなく繰り返しているように、金星天を動かす「知性たち」が「下界で魂たち」（II, v, 13）に吹き込んだ愛は、哲学とそこから派生してくる幸福と不可分で、いわばその形相であるということだ（「愛は哲学の形相である」III, xiii, 10）。

4.2.

そうだとすれば、少なくとも当面のところはあらゆる解釈上の仮説をいったん中断して、ダンテ自身が、直接であれ間接であれ、わたしたちに告げていることにしたがうのが得策であろう。実際、ダンテにとって地上楽園にどんな意味があるのかについて、彼が明言していることに一点の疑いの余地もない。それは『帝政論』の一節（III, xvi, 4）であり、そこでダンテは、彼の思想の基盤のひとつをなす二つの至福説を説明しながら、次のように述べている。

それゆえに、筆舌に尽くしがたいかの〈神の摂理〉は、人間に所期の目標を二つ授けた。すなわち、現世の生の至福と永劫の生の至福である。前者の現世の生の至福は、人間固有の力を活動させることに由来し、地上楽園に象徴される。また、後者の永劫の生の至福は、天啓に頼らなければ人間固有の力だけでは達しえない神の幻視を享受することに由来し、天上楽園によって想像することが許される（Duos igitur fines Providentia illa inenarrabilis homini proposuit intendendos: beatitudinem scilicet huius vite, que in operatione proprie virtutis consistit et per terrestrem paradisum figuratur; et beatitudinem vite eterne, que consistit in fruitione divini aspectus ad quam propria virtus ascendere non potest, nisi lumine divino adiuta, que per paradisum celeste intelligi datur.）。

したがって地上楽園とは、人間本性の至福《ベアティトゥードーディネ》の象徴もしくは寓意である。ダンテは別の箇所で、この人間本性の至福を「公民的（civile）」とも呼んでいる（「人間本性には至福がひとつにとどまらず、公民的生と観想的生の二つの至福がある」[*Convivio*, II, iv, 10]）。「公民的」と形容しているのが意味深長なのは——この点について研究者たちは沈黙を決め込んでいるにもかかわらず——地上楽園のエピソードがダンテという名の個人の生活に関与しているだけでなく、あからさまに政治的な意味も帯びて、人類全体（『帝政論』における「人類文明社会（humana civilitas）」）にかかわっていることを示しているからである（*De monarchia*, I, iii, 1）。

個人と集団の両面は緊密に絡み合っているので、わたしたちがこれから吟味するうえで、両者が同時併行している点を決して忘れないようにしよう。人間ダンテの遍歴についてまず気づくのは、ほんのわずかでも慎重に読めば、詩人が『神曲』の劈頭で道に迷う「暗き森」とエデンの園の「古き森」のあいだの奇妙な一致が明らかになることだ。楽園の森は、最初の森に劣らず暗い（「太陽も月もそこにはまるで光の射し込まぬ／永遠の闇に閉ざされて」［『煉獄篇』XXVIII, 32-33］）。それのみか、森のなかに足を踏み入れたばかりの詩人は、『地獄篇』の「いったいどのようにしてそこに入ったのか、わたしにはうまく語ることができない（Io non so ben ridir com'i' v'intrai）」（I, 10）を控えめに引用しているように思われる。いわく、「どこから入り込んだのか、わたしにはもはや見分けられなくなっていた（ch'io / non potea rivedere ond'io mi 'ntrassi）」（ここで、rivedere と ridire との類似に注目してほしい。いずれの動詞も、すでに見たこととすでに語られたことを指し示す点で意義深い）。暗い森の入口にさしかかったときに詩人の頭に重くのしかかっていた眠気（「そのときかくも深き眠気に充ちていたので」［『地獄篇』V, 11］）は、今度はまどろみが予感の前兆になるとはいえ、地上楽園のとば口に立ったときにぶり返してきて詩人を不意打ちする（「わたしは眠りに襲われた／これから起こることの消息を実際に起こる前にたびたび告げ知らせる眠りに」［『煉獄篇』XXVII, 92-93］）。コントラストを呈しているとはいえ、形容詞を三つ畳みかけるシンメトリー（『煉獄篇』の「生い茂る鬱蒼とした神の森（La divina foresta spessa e viva）」［XXVIII, 2］と『地獄篇』の「人里離れた荒涼として険阻なこの森（esta

ない。

selva selvaggia e aspra e forte)」［I. 5］）によって一致が強調されていることは、見逃してはならない。

二つの森は実はただひとつの森である、あたかもダンテはわたしたちにそうほのめかしているかのようである。それが、あるときは苦き死の場（「死に劣らぬほど苦しい」）となり、またあるときは甘美なる生の場（「甘きそよ風」、「生い茂る鬱蒼とした」）となるわけである。『神曲』冒頭で詩人が道に迷う森とは、すなわち、詩人がおのれを見いだすことになるのと同じ楽園の森なのである。また地上楽園が、わたしたちの知っているような「現世の生の至福」の象徴にほかならないとすれば、人間ダンテ——および彼とともに人類全体——は、現世の生の目的として彼に授けられていた幸福のなかで道に迷ったことになる。かくして、天国の入口にさしかかったときのウェルギリウスの忠告は、その全幅の意味を獲得する。いわく、「おまえの望むところをこれからは導きとなせ（lo tuo piacere omai prendi per duce）」（『煉獄篇』XXVII. 131）、と。つまり、ダンテの知性が元来の清廉潔白に戻った（「おまえの意志は自由で廉直で健全だ」同書 140）からには、彼を導くのは、当初、彼の道を踏み惑わせたのと同じ快楽（piacere）ということになるだろう。知性と愛が彼にとって切っても切れないものだとすれば、詩人ダンテは、自分の詩の題材であったほかならぬ愛の至福のなかで道を見失っている（研究者たちがエデンの園の描写のなかに検証してきた「清新体派の基調」なるものを正当化するには、これだけで十分である）。そして、愛の至福のうちで道に迷うのと同じように、その至福——すなわち、至福の象徴たる地上楽園――のうちにダンテはおのれを見いだすことになるのである。

4.3. 至福はいったい何に起因するのか、すでに引用した『帝政論』のテクストは、アリストテレスの定義を踏襲しながら、その答えをはっきりと述べている。すなわち、至福は〔人間〕固有の力を活動させることに（in operatione proprie virtutis）起因する、と。この活動がいかに成就できるのか、いかに愛と内密に結びついているのかは、『饗宴』の一節（IV, xxi-xxii）で「人間の幸福とその甘美について論じている」ときに明確に説明されている。ダンテは「神の恩恵から生じる」「ギリシア人がホルメンと呼ぶ」「自然の欲望」の理論を展開している。エリウゲナにおけるように、自然の欲望は元来「ありのままの自然から生じるもの」、すなわち、あらゆる生物の肉体が自分を愛するように導く生命衝動と何ら変わるところがないが、さらに「この欲望が進んでゆくにつれて」自己の最高の部分、すなわち魂と理性に自分の愛を向けるようになる。

したがって、もし愛する対象、すなわち愛の果実を使うときにいつも楽しい気持ちになり、もっとも楽しく使うことがもっとも愛されるものにあるとすれば、われわれにとってもっとも楽しいのは自分の精神を使うことである。そしてわれわれにとってもっとも楽しいものとは、われわれの幸福であり、われわれの至福である〔……〕（*Convivio*, IV, xxii, 9）。

地上楽園に体現される幸福は、人間固有の力を活動させることにあり、それはまた、「愛する対象を使うこと」、つまりは実のところ愛の行為に等しい。ダンテが地上楽園でめぐりあうのが恋する女性であるのは、そのためなのである。だからこそ、エデンの園の幸福の暗号であるマテルダは、愛と関係があるのだ。そして詩人は最初、愛の経験という名の「暗い森」のなかで道に迷っていたのだが、その同じ愛の経験を、「神の森」のなかであらためてたどりなおさなければならないのである。

4.4. ダンテは、地上楽園が現世の至福の象徴であることをわたしたちに告げるだけではない。マテルダの口を介して、彼は、『創世記』のエデンの園と異教の詩人たちの歌った黄金時代との特異な一致を提起しているのだ。恋する女性が楽園の地理について補足した「追加説明《コロッラリオ》」によれば、「黄金時代とその幸福なさまを／称揚した古代の詩人たちはおそらく／パルナッソス山でこの地〔地上楽園〕を夢見ていた」(『煉獄篇』XXVIII, 139–141)。これより少し前の箇所(XXII, 70–72)でダンテは、ウェルギリウスが『牧歌』第四巻で「サトゥルヌスの治世(Saturnia regna)」と呼んでその回帰を予言者のように告げている黄金時代を想起しているだけに、この対応関係はいっそう重要である。それどころか、ダンテは当該のウェルギリウスの詩行をほぼ逐語訳してスタティウスの口を借りて、「「世があらたまり／正義ならびに人代の始原が帰り／新たなる族《うから》が天より降臨する」と君が言ったとき」、と歌っている。これに劣らず重要なのは、『神曲』とほぼ同時期に執筆されたとおぼしい政治論で、ダンテが正義について黄金時代を讃美し（optima tempora, quae etiam aurea nuncupabant）、あらためて『牧歌』の一節を引用していることである。

さらに、正義の力が世に絶大ならば、世界の秩序は最善である。だからこそ、ウェルギリウスは当時生まれつつあったようにみえた世を称讃するべく、『牧歌』でこう歌うのだ。「いまこそ乙女が帰りサトゥルヌスの治世が戻ってくる」。「乙女」とは「アストライア」とも称される正義《ユスティティア》の女神のことであり、「サトゥルヌスの治世」は黄金時代とも呼ばれた最善の時代の謂《い》いである（*De monarchia*, I, xi, 1）。

もしこうした対応関係をわたしたちがまじめに受けとるべき――なぜそうしないでいられようか――ならば、このことが示しているのは、ダンテにとって、現世の至福の象徴たる地上楽園とはまた、古代人がアストライアという名の娘（乙女《ウィルゴ》）とみなしていた、人間本性の本来の正義の場でもあったということにほかならない。ここからシングルトンはマテルダに本来の正義の擬人化をみるにいたっているが、（ダンテが正義をはっきり「乙女《ヴェルジネ》」〔『煉獄篇』XXVIII, 57〕に譬えているだけになおさら）それは大いにありうることである。ただし、忘れずに断っておくならば、それでもやはりベアトリーチェの場合のように、ダンテが並外れた豊富な象徴を託す相手は、あくまで多くの要素を組み合わせてできたひとつの創作であるということだ。いずれにせよ、この象徴に内包されるさまざまな意味——現世の生の至福、これをいいかえるなら愛の使用、「人類の祖先」に属する自然のままの正義——は実際にはつながっているのである。

4.5. 『帝政論』のなかで「乙女」や黄金時代が呼び起こされていることから示唆されるのは、もっともな期待どおり、マテルダと地上楽園には政治的な意味もあるということだ。実際、この論考の冒頭でダンテは、人類の目的とは何かと問いかけ、その答えを「人類全体に固有のなにがしかの活動（aliqua propria operatio humane universitatis）」（I, iii, 4）のうちに見いだしているが、それはすでに述べたこととも矛盾しない。人間本性を定義づけているのは、植物もそうであるような、たんに生きていることではなく、動物もそうであるがゆえの、習得能力があることでもなく、天使がそうであるような、知性が常に現実化《イン・アット》していることでもない。そうではなく、可能知性をつうじて把握できるということ（esse apprehensivum per intellectum possibilem [ibid., I iii, 6]）、すなわち、思考する潜勢力や可能性を有することなのである。それゆえ、人類固有の活動とは、可能知性のありとあらゆる潜在能力をたえず現実化すること（proprium opus humani generis totaliter accepti est actuare semper totam potentiam intellectus possibilis [ibid., iv, I, 1]）、となるだろう。

ダンテはここでアヴェロエス〔3〕の主題を踏襲して、そこから普遍的君主制の必要性を演繹する。というのも、可能知性の潜在能力は、ただひとりの人間によっても、ただひとつの都市によっても現実化できず、むしろ「多数者（multitudo）」のようなものが不可欠である（「ひとりの人間やなにがしかの特定の団体だけではこの潜在能力すべてが一挙に現実化しえないがゆえに、少なくともこの能力があますところなく発揮されるには、人類のうちに多数者がいる必要がある（necesse est multitudinem esse in humano genere, per quam quidem tota potentia hec actuetur）」[ibid., I, iii, 8]）。人類の目的を実現するのと幸福とが一致するがゆえに、これまで論じてきたとおり、この論考がなぜ終わり近くになって「現世の生の至福」の象徴としての地上楽園に言及するのか、そのわけが理解されるのである。

可能知性という主題は――たとえその政治的な意味においてではないとしても――すでに『饗宴』のなかで触れられていた（さらに、次いで『煉獄篇』第二十五歌におけるスタティウスの語りのなかでも繰り返されている）。「善性《ボンターデ》」がいかにして人間本性にもたらされるのかと自問しながら、ダンテはここで、まぎれもなく胎児と「生成する魂」の形成論を披瀝している。この形成論にあっては、胡桃の殻《イン・ヌケ》のなかの胎生学といずれ定義されることになるものと、哲学や神学のモチーフとが結びつけられている。ダンテいわく、したがってわたしにいわせれば、人間の種《たね》がその容器、つまり子宮に落ちると、その種には、生成する魂の力、天上の力、そして四大元素の結合による力、すなわち気質がそなわるようになる。さらに、この種が熟すと、生成主の魂によって賦与された形成力のために質料《マテリア》が用意される。かくして形成力は諸器官を準備して、種の潜在能力によって魂に生命を授ける天上の力を受容できるようにするのである（*Conviνio*, IV, xxi, 4）。

アヴェロエスからは逸れているにせよ、ダンテが可能知性や質料の決定的な役割をもちこんでいるのは、まさしくこの箇所である。とはいえ、これらの概念は思想史において、アリストテレス注解者の代名詞ともいうべき存在、アヴェロエスに依然として結びつくもので、ダンテは彼に、地獄の第一圏の「哲人族」のなかで出逢うことになる。

この生命の宿った魂は生み出されるとすぐに、天上の原動力から可能知性を受容し、この可能知性は、あらゆる普遍的な形相を潜在的にみずからに取り込んでいる（*Conviνio*, IV, xxi, 5）。

個人の幸福も人類の幸福も、固有の活動を働かせることに存するが、この固有の活動は、知的な潜在能力〔可能知性〕を現実化することに対応している。カンツォーネ「心のうちでわたしに語りかける愛は（Amor che ne la mente mi ragiona）」が明らかにしようと心を砕いているように、その知的な潜在能力のなかで、愛は「その活動をおこなっている」（*Convivio*, III, iii）（この点、カヴァルカンティと一致している。彼もまた、学識に充ちたその傑作のなかで、この活動に愛の起源を位置づけていた。「姿を見初めてそれと知れるや〔愛は〕ほとばしり／主題のなかと同じく可能知性のうちに／場所と住処をもつにいたる」［ven da veduta forma che s'intende / che prende nel possible intelletto / come in subietto, loco e dimoranza］）。とすれば、マテルダをめぐるさまざまな象徴的な意味（唯一の真理がもつ多面的な顔）にさらなる意味をひとつ追加したとしても、向こう見ずの誹《そし》りは受けないだろう。その意味とはすなわち、マテルダは、集団のものであれ個人のものであれ、いずれの意味でも可能知性の擬人化である、ということだ。

4.6. それではここで、ダンテの地上楽園を神学の伝統、とりもなおさず原罪の教義に照らして明らかにすることにしよう。楽園はダンテにとってももちろん地上にあるひとつの場所で、南半球の最高峰に位置している。ただし、すでに論じてきたように、これには『創世記』で描かれた楽園との決定的な違いがある。何よりもまずダンテの地上楽園には人が住んでいないわけではなく、さらには二つの川が流れている。これは聖書の四つの川と一致していないばかりか、仔細にみると、聖書の地上楽園の描写とはまったく両立しないのである。とくに第一の川は、くしくもレーテーと呼ばれ「罪の記憶を人から奪う」のだが、万が一、この川が『創世記』の楽園に実在するとすれば、それは二重の意味でありえない話である。まずそうなると、エデンの園それ自体のうちに罪の予見がすでに含まれていることになってしまうからであり、さらにそうだとすれば、アダムとイヴは、ダンテがしたのと同じように、その水に身を浸し、自分たちの罪を忘却してしまうこともできたはずだからである。注釈者たちがこの明白な矛盾に気づいていないように思えるとしても、わたしたちはそこからこう結論づけざるをえない。すなわち、マテルダによって描写された川は、『創世記』の川に代えて楽園に取り入れられたものである、と。くわえて――そしてこれはとくに肝要な点なのだが――エデンの園の入口で寝ずの番をする炎の剣をもつ智天使《ケルビム》についての言及が皆無である。ダンテ――人間性《ウマニタ》を体現している――は何にも遮られることなくエデンに踏み入ることができるのだ。

したがって、ダンテとマテルダが邂逅する楽園は、アダムのいた楽園に変容され、祖先が放逐されたのと同じ「古き森」であるとはいえ、それとはまた別のものでもある。楽園に入るとき、ちょうどダンテは今まさに現在の時点で原初的な過去に入り込んでいるのであり、その過去は、ちょうど記憶において起こるように、必然的に改変されているのである。ベアトリーチェが有無をいわせず現在形を使用しているのを正当化できるのは、この時間の脱臼のおかげなのである（「ここで人が幸福でいるのを知らなかったというのですか［non sapei tu che qui *è* l'uom felice?］」『煉獄篇』XXX, 75）。ベアトリーチェのこの現在形（「いる（è）」）は、マテルデのいう「だった（fu）」という遠過去形（「人類の祖先はここでは無垢そのものだったのです［qui fu innocente l'umana radice］」『煉獄篇』XXVIII, 142）と好対照である。アダムの楽園で無垢そのものであった人間は、マテルダの園でいまなお幸福なのである。

4.7.　ここにいたってダンテの原罪論の基軸を再構成してみることが不可避となる。ダンテが地上楽園に入る直前あたりで、マルコ・ロンバルド[4]がしている言明は、アウグスティヌスの用語をなぞってこれを否定し、その主張をまごうことなく撤回してみせる。「いまやよくわかっただろう、世界を邪悪にする元凶は／おまえたち人間の内なる本性の腐敗堕落ぶりなどではなく／悪しき導きにほかならぬ、と」（XVI, 103-105）。これはあからさまにペラギウス派の主張であり、アウグスティヌスがペラギウスに帰した考え方をほぼ一言一句たがわず引き写している。ペラギウスの主張によれば、「自己の犯した罪のことで人間の意志を咎めるべきなのにもかかわらず、かえって人間本性の非をあげつらって自分の罪を免れようとしている」（『自然と恩恵』1, 1）者たちがいる、ということになる。

　こうした明瞭な主張は、『天国篇』でベアトリーチェが繰り返す以下の正統派の教理とどうしたら両立するだろうか。すなわち、「おまえたち人間の本性は、その種子たる祖先〔アダム〕が／すっかり罪に染まってからというもの、楽園から遠ざかるとともに、この人間の尊厳からも／

遠く離れてしまったのです」（『天国篇』VII, 85-87）、と。だが、このつづきの数行を注意深く読むと、矛盾は見かけだけにすぎないことがわかる。実際、ベアトリーチェがそこで展開している贖罪論では、アウグスティヌスの見解とは異なり、人間本性がその本来の尊厳へと完全に回帰できるのは、神の子の受肉のおかげなのである。ベアトリーチェいわく、最初の先祖たちの罪を埋め合わせるには二つの道がある。「神がひたすらその寛大なる慈悲の御心で／お赦しになられたか、さもなくばかの人〔イエス・キリスト〕が独力で／その暗愚なる慢心を贖い尽くしたかです」（同書 91-93）。神はどちらの道も使うことを選んだ。現に、神は受肉を介して人間本性を是が非でも贖罪行為に巻き込んでいる。「なぜなら人が元の高みに復《かえ》るべく／神はみずから人間の罪をお赦しになられるばかりか／みずからをもお与えになるほどに寛大であらせられたからです」（同書 115-117）。『帝政論』（II, xi, 2）においてこの考えは強く裏づけられている。

もしこの（アダムの）罪がキリストの死によって贖われなかったとしたら、われわれは本性によって、すなわち堕落した本性によって、あいかわらず怒りの子であったことだろう（adhuc essemus filii ire natura, natura scilicet depravata）。

まぎれもなく独創的なこの神学論によれば、神自身が人になることによって、人間本性は、あますところなく元どおりの状態を回復するがごとくに「元の高みに復ることができる」ようになる（「人間を手つかずのままの生に戻す」『天国篇』VII, 104）。こうした立場がいかに斬新であったかを見定めるうえで、まず忘れずに心にとどめておかなければならないのは、「元の高みに復ることができる（sufficiente a rilevarsi）」という表現が、幾度も繰り返されてきたアウグスティヌスの主張と矛盾しているということである。アウグスティヌスによれば「人間の意志には罪を犯さないことが十分可能である（sufficere voluntatem）」と主張する者は「破門されねばならない（anathemandum esse）」（*De perfectione iustitiae hominis*, 21, 44）。なぜなら、たとえ贖罪したとしても、人間本性はその堕落を完全に免れるわけではないからである。それどころか、トマス・アクィナスの教理によれば、原罪以後に人間が置かれた条件のため、キリストが到来したのちであっても秘跡は必要となる。

> 人間は罪を犯したために、愛欲《ペル・アッフェクトゥム》に病んで肉体的事情に隷従してしまった。それゆえ、疫病に見舞われた人間の当該の箇所に特効薬を処方しなければならないのだ。だから、魂を癒す薬を人間に投与するために、神が肉体のしるしを利用したのは妥当なことである（『神学大全』III^{a}, q. 61, a. 1, co.)。

ダンテにはこうした考えは微塵もない。ダンテにとって、キリストの受肉は原罪を抹消するに十分足るものであり、秘跡にたいするダンテの立場――教会の腐敗との関連を除いて『神曲』ではいちどたりとも言及されていない――は、トマスが以下のように述べて反論しようと腐心している一派の見解にむしろ等しい。それによると、「キリスト以後、秘跡はあるべきではなかっただろう。真理が実際に現われたならば、象徴は消えるべきだからである［……］。また、秘跡は真理のしるしもしくは象徴であるがゆえに、キリストの受難以後は、秘跡の必要はない」（『神学大全』III^{a}, a. 4, arg. 1）、ということだ。だとすれば、『饗宴』でダンテが、「イスラエルの民がエジプトを脱出するにあたって、ユダヤ人は神聖かつ自由になったと述べた預言者の歌」を、「魂が罪を脱するとき、魂の力は神聖かつ自由になる」（II, i, 6-7）という意味で解釈することができたとしても、何ら驚くことはないだろう。しかも、ウェルギリウスは地上楽園の入口でダンテに別れを告げて、「おまえの意志は自由で廉直で健全だ（libero, dritto e sano è tuo arbitrio）」（『煉獄篇』XXVII, 140）と明言できたのである。ペラギウス派の残響が聞こえる『帝政論』の一節で、「神から人間本性に与えられた最大の賜物」として取り戻されているのは、まさしくこの自由なのである。

われわれの自由の第一原理が意志の自由（libertas arbitrii）にあることを知らなければならない。これについて口にされることは多いが、得心されることは稀である。［……］仮に判断が（人間本性がどうしようもなく堕落していたならば起こるように）何らかの仕方で欲求に動かされるのであれば、自由ではありえないだろう。［……］したがって、『神曲』の『天国篇』ですでに述べたとおり（sicut in Paradiso Comedie iam dixi）、この自由、すなわち、われわれのすべての自由の原理が、神から人間本性に与えられた最大の賜物であることは明らかである。というのも、この自由のおかげで、われわれは現世では人間として幸福であり、来世では神々として幸福であるからだ（I, xii, 2–6）。

自由と幸福は人間本性のなかで分かちがたく結びついている。元来そうなのだが、キリストの受肉のおかげで、今もまたそうである。楽園の「神の森」はかつての正義と至福をあますところなく回復する場所なのである。

4.8.　ウェルギリウスがその回帰を告げた黄金時代と地上楽園とを、ダンテが合致させている点についてあらためて考察することにしよう。ここから示唆されるのは、ダンテにとって地上楽園が過去の存在、しかるがゆえにもはや手の届かない存在なのではなく、なにがしかのかたちでいまだ進行中か、あるいはこれから起きてくるはずの何かであるということだ。実のところ、かつての正義が現世に回帰してくるというウェルギリウスの予言をダンテは真剣に受け止めていて、彼が神の森で経験するのはその予言を実現したものだともいえるだろう。この実現には予言がもうひとつ伴っていて、その内容は詩人自身にまつわることである。

実際、『煉獄篇』第二十九―三十二歌においてダンテは、地上楽園に予言の体験を置いているのだが、彼自身が謙遜を装いもせずに譬えているのは、エゼキエルとヨハネの預言――すなわち、ユダヤ教（メルカヴァーあるいは天の車の秘儀）とキリスト教（ヨハネの『黙示録』）における幻視による預言の双璧――なのである。

ならばエゼキエルを読むがよい
四頭の霊獣が冷涼なる地から
風と雲と火とともにやってくる様子を見たままに描いてある
かの書に見いだすのとそっくりそのままの姿で
獣らは実際にそこ〔地上楽園〕にいたのだ
ただし、翼〔の数〕について
ヨハネはわたしと同じで、エゼキエルとはちがっている（『煉獄篇』XXIX, 100-105）。

ダンテは自分の幻視を、聖書史上で最高の預言者たちに匹敵するものにしようとしているが、その果敢さを推し量るには、以下の点を想起しておく必要がある。すなわち、天の車についての幻視はユダヤ教ではきわめて重要だったので、奥義を皆伝された者にしか研究対象になりえなかった、ということである（タルムードの語るところによれば、「メルカヴァーの業［Ma'aseh

Merkavah]」を「独力で理解できる賢者ででもないかぎり、誰にも説明してはならない」)。この禁制は、キリスト教の伝統でもよく知られている。というのも、ダンテが知りえたさる手紙のなかでヒエロニムスは、ラビの伝統では『エゼキエル書』の研究が三十歳未満には禁じられていたことを想起しているからである（ダンテが幻視を体験したときにはすでにその年齢を過ぎていたし、また「天が開けた」ときに預言者エゼキエルが公言しているのとぴったり同じ年齢でもある)。大グレゴリウスが『エゼキエル書講話』――ダンテが知りえたもうひとつのテクスト――のなかで指摘しているのは、もしエゼキエルがおのれの幻視を三十歳で経験したと明言しているとすると、そのわけは、「預言の霊」を受け入れられるのは「成熟した年齢のとき（in aetate perfecta)」だけだから（*Homeliae in Ezechielem*, II, 3）ということだ。また、「『わたしはこれをみてひれ伏した』と『エゼキエル書』に書かれている」と、カングランデ宛書簡[5]でエゼキエルが呼び出されていることからも、詩人ダンテにとって予言体験が問題になっていることはあらためて確認できる。詩人ダンテは、幻視の光景を記憶から逐一たどれるわけではないが、ケバル川のエゼキエルと同じくまさしく予言しているのだ（エゼキエルはダンテと同様、流謫の民に向き合う一亡命者だっただけに、なおさら両者は近似している)。

現在ごく一般に流布している解釈では、ダンテの幻視は、神学の教義に含まれる自明の真理を幻想にかこつけて説明したものとして片づけられてしまっているのだが（二十四名の長老はヘブライ語聖書全二十四巻、四頭の霊獣は四福音書記者、グリフォンはキリスト、四人の天女は四つの枢要徳である云々)、むしろ忘れてならないのは、ダンテがおのれの見た幻視に、たんなる描写とはいえない予言めいた性格を求めている点である。幻視をめぐっていかなる解釈がなされようとも——その問題についてはここで発言を控えよう——地上楽園は、およそ正統とはいえない神学・政治的なメッセージを伝えるためにこの詩人が択んだ場所なのである。彼はそのメッセージを預言者の幻視以外の手段で口にすることはできなかったのである。

4.9. エゼキエルとヨハネの幻視を典拠とするさまざまな要素が混在するダンテの幻視は、まず『ヨハネの黙示録』の七本の黄金の燭台と「二十四名の長老」からはじまるが(「七つの金の燭台が目についた」〔『黙示録』1: 12〕、「玉座のまわりには二十四の座があって、二十四人の長老が白い衣を身にまとい、頭に金の冠をかぶってそこに坐していた」〔同書 4: 4〕)、その直後さらに、「前面も背面も一面に目で覆われた四頭の生き物」(同書 4: 6)が喚起されている。これは『エゼキエル書』の四頭の「生き物(Chayyot)」に由来し、ダンテはこの「生き物」から「車(carro)」のイメージも引き出しているのだが、前例がなく謎めいてもいるのは、グリフォンまでこれに加えていることである。いわく、「四頭の生き物に囲まれて/二輪の凱旋車が/一疋のグリフォンの頸に曳かれていた」(『煉獄篇』XXIX, 106-108)、と。その一方で、ダンテの幻視になぜか欠けているのは、まさに預言者エゼキエルとヨハネの幻視の中核をなしているもの、すなわち玉座である。『ヨハネの黙示録』と『エゼキエル書』には、以下のようにある。

突如としてわたしは霊のうちにあった。すると見よ、天に玉座が据えられ、その玉座に坐している者があった。その座にいます方の姿は、碧玉や紅玉髄のように見えた。そして、その御座のまわりに緑玉のごとき色の虹がかかっていた（『ヨハネの黙示録』4：2）。

彼らの頭上にある蒼穹をこえて、サファイア石のような形をした玉座のごときものがあり、その玉座らしきものの上の高みには人のような姿の形象があった（『エゼキエル書』1：26）。

だとすれば、ダンテにおける幻視の対象は、一般に定着した解釈で示唆されているようなキリストの栄光（「これこそが主の栄光らしき形象の幻だった」〔『エゼキエル書』2：1〕）なのではなくて、何かそれとは違うものだということになる。二人の預言者にとって玉座上にいる姿にあたる場を占めている中心人物は、ダンテにとって、いうまでもなくベアトリーチェである。周知のとおり、ベアトリーチェの出現は、マテルダのそれと同様、疑いようのない愛の言葉で描写されている（「すでに古傷を負わせた高邁なる力が／わたしの眼を射抜くや否や／過ぎにし恋の力のいかに強いかを魂に感じた」〔『煉獄篇』XXX, 39-41〕、「昔の焔の焼痕は身に覚えがある」〔同書48〕）。すでに指摘されているように、ベアトリーチェ本人がダンテの処女詩集の題名〔『新生』〕を想起させるとすればなおさらである。「この者〔ダンテ〕は若き新生のころから可能性を内に秘めていたので／秀でた素質をことごとく開花させれば／いずれめざましい実力を証明してくれるはずだったのです」（同書 115-117）。ここでの「素質（abito）」は、『饗宴』（III, xiii, 8）におけるのと同様、詩や哲学の能力という専門的な意味でも理解されるべきだろう。また「新生」はたんに若年というばかりでなく、むしろ詩文形式《プロジメトロ》によってきわめて巧みに描写された愛の経験のことでもある。さらにその後の解釈の予断を抜きにして、ベアトリーチェが、彼女とひそかに結びついているマテルデと同様、愛の至福と関係があるのは明白である。『帝政論』（III, xv）によれば、この愛の至福こそ人間本性の「究極目的」なのである。

א　主流となっている解釈どおりに、仮にグリフォンがたんにキリストの二つの本性の象徴だとすると、エゼキエルでもヨハネでも着座していた玉座からダンテはなぜそのグリフォンたるキリストを降ろし、天使の車を曳くという、たしかにあまり名誉とはいえない（むしろ本来ならその逆であるべきはずの）役割を強いたのかが依然として説明されなくてはならないだろう。またさらに、この詩人がキリストの二つの本性——人性と神性——という神学上の常套句をなにゆえにわざわざ強調しなくてはならなかったのかもわからない。グリフォンの二つの本性は、『帝政論』（III, xv, 5）によれば、むしろ人間が分かち合う本性といえるだろう。いわく、したがって、人間が滅びるものと不滅なものの一種の中間者であるとすると、いかなる中間者も両極の本性に通じているのだから、必然的に人間は両方の本性に通じていることになる。

この意味で、すでにトゥルネーのオドン[6]は、単一の実体で複数のペルソナを有する創造主と対比して、人間を二つの実体のあるひとつのペルソナと定義づけていた。

人間は〔……〕霊魂と肉体からなる。〔……〕魂はペルソナのうちで肉体を負う。したがって、ペルソナには二つの実体がある。これが創造主と被造物のちがいである。なぜなら創造主はひとつの実体のうちに多くのペルソナを有するが、そうしたことは被造物には起こらないからである。被造物は二つの実体のうちにひとつのペルソナを有しているのだ（Odo, p. 63）。

すでに引用した『帝政論』の直後の一節からもわかるとおり、グリフォンはそれゆえ公正な人間本性の象徴とみなされるだろう。

本性には各々なにがしかの究極目的が定められているがゆえに、人間には二つの目的があるとわかる。〔……〕すなわち現世の生の至福と永劫の生の至福である。前者の現世の生の至福は、自己固有の力を活動させることに由来し、地上楽園に象徴される。また、後者の永劫の生の至福は［……］天上楽園によってそれと悟られる。

ダンテの幻視に政治的な意味を取り戻すことは、無駄ではないだろう。すでにエゼキエルとヨハネにおいて政治性がきわめて濃厚なのだから、それがダンテに欠落しているとみることこそむしろ問題だろう。

4.10. わたしたちの狙いは、『煉獄篇』第二十八歌から第三十一歌をあますところなく解釈することではなく、むしろ、ごく控えめに、神学的な注解の伝統と対比させながらダンテの地上楽園の観念を位置づけたうえで、その楽園観の独創性や新しさのみならず、まぎれもない予言としての主張を明らかにすることである。

カングランデ宛書簡によれば、『神曲』の「主題（subiectum）」は「自由意志による功罪に応じて賞罰の正義に服する人間（homo prout merendo et demerendo per arbitrii libertatem iustitie premiandi et puniendi obnoxius est）」（*Epistole*, XIII, 11）である以上、地上楽園は予言の場であり、それは、作品全体のテーマでもある人間の自由となにがしかのかたちでかかわらざるをえないものである。実際、ダンテがその政治論の第一巻（『帝政論』I, xii, 6）ではっきりと『神曲』に与えている重みを、両作品の意義をうまく結びつけることによって、すべからく取り戻さねばならないだろう。つまり、「『神曲』の『天国篇』ですでに述べたとおり（sicut in Paradiso Comedie iam dixi）」という文言は、「神から人間本性に与えられた最大の賜物」、すなわち「自由（libertas）」について触れているもので、「その自由のおかげで、われわれは現世では人間として幸福であり、来世では神々として幸福である」。そしてこの文言は、たんに『天国篇』（V, 22）におけるベアトリーチェの発言ばかりでなく、この自由の卓越した暗号としての地上楽園をも指し示しているのである（ダンテは幾度となく地上楽園《パラディーソ・テッレストレ》をただ「天国《パラディーソ》」と呼んでいる［『天国篇』VII, 38；『俗語論』I, iv, 2 ; v, 3］）。「鬱蒼と生い茂る神の森」とは、すなわち、ダンテにとってはひとつの予言である。自由意志による（per arbittii libertatem）人間の救済の可能性にかかわり、ついには「もっとも愛するものを使用する」ことで成立する至福が今ここで実現するにいたる、予言なのである。

ℵ　地上楽園を現世における至福の象徴とみなすこの考え方は、トマスがしきりに繰り返したスコラ哲学の主張とは逐一相容れないものである。彼の主張によれば、人間にとって現世における幸福はありえない（Impossibile est igitur in hac vita hominem totaliter esse felicem［*Summa contra Gentiles*, lib. III, cap. 48, n. 7］）。トマスには、ダンテが『帝政論』できっぱりと断言しているような現世の至福と天上の至福の区別はない。それればかりか、ダンテが『饗宴』（III, xv, 6）で知恵と至福との関係について述べている考え方は、トマスの思想にわざと楯突いているかのようである。トマスによると、「現世において人間は自己固有の目的に釣り合うような（prout est finis poprius eius）幸福を達成することはできない」（*Summa contra Gentiles*, lib. III, cap. 48, n. 11）。人間の知識欲は必然的に充たされないままなのだから、「知恵をもってしても説明できないいくつかの事柄（すなわち神、永遠、第一質料）があるのに、知恵が人間を幸せにできる」（*Convivio*, III, xv, 7）というのははたして本当なのかと疑問を呈する人々にたいして、ダンテはこう反論している。

いずれにせよ、あらゆるものにそなわる自然な欲望は、欲望するものの実現可能性によってはかられる。さもなければ、欲望はみずからに背くことになるが、それはありえないだろう。さらに創造主も無駄な欲望をつくったことになるが、それもまたありえないことだろう。矛盾に陥ってしまうとすれば、それは、欲望が充たされるのを欲すると同時に、充たされないことを欲するからである。それゆえ、たえず欲望しつづけて、その欲望が決して充たされないこと自体を欲するからである（しかも、呪われた貪欲家はこうした誤謬に陥りがちで、たえず欲することそれ自体を欲しているとはまるで気づかずに、とうてい実現できる見込みがないものを高望みしているのだ）（ibid., III, xv, 8）。

知恵がはたして人間を幸せにできるのかと疑問を抱く者とは、おそらくここではほかでもなくトマスのことを指しているのだろう。トマスは、「お金を際限なく蓄え込んで増やすことに（ad conservandum et multiplicandum denarios in infinitum）腐心する」両替商《ヌムラーリウス》を例にとって、人間の欲求はどこまでも限度を知らないがゆえに現世では決して満足できないことを立証しようとしている。

人間の欲求は飽くことがなくとどまることを知らぬがゆえに、人間は自分の欲望を満足させることのできるさまざまなものをとことん欲するものなのである（*Sententia libri Politicorum*, lib. I, lec. 8, n. 4）。

第五章　楽園と人間本性

5.1.　これまでみてきたように、地上楽園は、神学者たちが人間本性の問題を提起する場である。ここにおいて人間本性は、これを定義しようとする試みをことごとく分断する装置のなかに絡めとられてきた。その分断とは自然と恩寵のそれである。これはたんなる対概念ではない。自然と恩寵というこの二つの概念は実はひとつの体系をなしていて、その体系の内部でたがいがたがいの前提となっており、切っても切れない関係で連綿とつながっているのである。

とりわけ問題となるのは、アダムが創造されたときの状態と、彼が罪以前に楽園にいたときの状況である。ペトルス・ロンバルドゥス[1]に権威ある典拠をもつ見解によれば、アダムはエデンの園の外で創造されたのであって、エデンに置かれたのはその後のことにすぎない。その意味するところは、アダムは「自然によるのではなく、恩寵によって」そこに住むことが許されたのだということである。

聖書の教えるところによれば、神は、しかるべくつくられた人間を連れてきて、神が最初に植えた快楽の園に彼を置いた。モーセ〔旧約聖書の最初の五つの書の著者とみなされていた〕ははっきり、人間は楽園の外で創られ（extra paradisum creatus）、その後しばらくしてから楽園に置かれた（postmodum in paradiso positus）と述べている。それというのも、人間は楽園に永住してはならなかったからである。いいかえるならば、楽園が人間にあてがわれたのは、自然によるのではなく恩寵による（non ut naturae, sed gratiae）からである（*Liber quattuor sententiarum*, lib. II, dist. 17, cap. 5）。

地上楽園の内と外というこのアダムの置かれた二つの時点での状況には、彼の自然本性が完成するまでの二つの段階が対応している。すなわち、人間はまず最初は裸のままの自然状態で（in naturalibus）創られて、しばらく経ってからようやく恩寵の賜物（gratuita）を授かったのである。この問題をめぐって教父たちの意見を二分した議論について、ボナヴェントゥラ[2]は以下のように述べている。

もっとも蓋然性の高い共通の見解によると、アダムは恩寵の恵み（gratuita）を受けとる以前に自然の恵み（naturalia）を受けとっていた［……］。したがって、こうした見解によれば、無垢の状態において二つの契機を区別する必要がある。すなわち、アダムが自然の贈与しか得ていない第一の時点と、恩寵の贈与も受けとった第二の時点とである。もしもこの二つの時点の違いが考慮されるならば、権威ある教父たちのあいだに一見したところみられるような矛盾は払拭される（*In secundum librum Sententiarum*, dist. XXIX, art. 2, quaest. 2）。

ヘイルズのアレクサンデル〔3〕も同様の趣旨でこう述べている。

> 人間がまず自然にしたがって創られて（conditus secundum naturam）、そののち恩寵をつうじて形成された（informatus per gratiam）というのは神の威厳にふさわしいことである。かくして、恩寵は神の恵みなのであって、自然の恵みとは（a naturalibus）区別されるということが理解されるのである（*Summa universae theologiae*, I^{a}-II^{ae}, inq. 4. tract. 3, q. 3, t. 1, c. 1）。

ところが、聖書の出典が明記されていないために、原初の状態において、いったい何が純然たる自然に属し、逆に何が恩寵に託されているのかの区別はあいまいなままで、しかも断定調なので、できるはずもない区別にどこまでもしがみついているといった印象が拭えないのである。

5.2. いずれにせよ、神学者たちにとって決定的なのは、自然と恩寵が、たとえ定義されないままだとしても、人間のなかで緊密に絡み合いながら明瞭に分割されていることである。この点をはっきり打ち出している論客は、ほかでもないトマスである。彼は、それまでの伝統に逆らって、アダムは裸のままの自然状態（in naturalibus）ではなく恩寵によって（in gratuitis）創られたと唱えている。『神学大全』（I^a^, q. 95, a. 1, co.）のなかでトマスはまず前置きとして、「最初の人間は恩寵によって創られたわけではないが、その後に罪を犯すことになるよりも前は恩寵に浴していた、と唱える」論者の意見を引用して、これを言下に正している。実際、原初の状態の直《ただ》しさ（rectitudo）からすれば、アダムは自然のみならず恩寵によっても創られねばならなかった、というのだ。

（原初の状態が）直しいのは、理性が神に従属し、下位の諸能力が理性に従属し、肉体が魂に従属していたがゆえである。第一の従属が第二の従属と第三の従属の原因であり、理性が神に従属しつづけているかぎり、下位の諸能力も理性に従属する。ところが、肉体が魂に従属するのも、下位の諸能力が理性に従属するのも、いずれも自然本性に即していなかったことは明らかである。さもなければ、罪の後にもそのまま変わることはなかっただろう。堕落の後、悪霊たちに自然の所与がそのまま変わらず残ったのとちょうど同じように［……］。かくして、理性が神に属するという第一の従属も、たんに自然本性に即しているだけではなく、恩寵という超自然の賜物のおかげであることは明白である［……］。ここから理解されるのは、仮に恩寵が奪われると肉も魂に従属しなくなるというのであれば、これが意味するのは、ひとえに魂に内在する恩寵のおかげで、下位の諸能力が魂に従属していたということである。

最初から人間にそなわっている自然の正義は、したがって、自然の恵みではなく、超自然の賜物（supernaturale donum）であり、最初の人間に与えられたいわば無償の贈与なのである。とはいえ、この無償の贈与は、少なくとも最初の人間の意志が神の戒律に背くまでは、「最初の人間の人格《ペルソナ》のみならず、そこから派生した人間本性すべてに」与えられていたものである（*De malo*, q. 4. a. 1, co.）。

ここですでに自然と恩寵の差異が罪によってのみ規定されて、さながら恩寵が取り除かれた後に残るものが自然であるかのようだが、トマスが自然と恩寵を分かつ境界について論及した別の著作になると、その違いはますます紙一重になってくる。ペトルス・ロンバルドゥスの『命題集』への注釈ではこう述べられている。

ある目的に向けられたものはすべてその目的を達成する必要のために準備されなければならない。しかし、人間に定められた目的――神のヴィジョンによる至福――は人間本性の能力の限界を超えている［……］。したがって、人間本性は、その自然原理によっておのれに属するものを有しているだけでなく、それ以上のもの（aliquid ultra）をも有していてその目的を達成しやすくするように制定され（instituі）なければならなかった［……］。それゆえ、魂の最高の部分が自由に神に向かうことができるためには、下位の諸能力が魂のこの最高の部分に従属して、神への道をいっさい妨げないようにしなければならなかった。同様の理由によって、肉体もまた、精神の瞑想を妨げるようないかなる感情も生じないように整えられなければならなかった。その目的のため人間にはこうしたことすべてが見いだされたのだが、罪が人間をこの目的から逸らしてしまったがゆえに、その結果として、これらすべての恵みは、人間本性に実在しなくなり、人間に残された（relictus）のは、ただ自然から生じた恵みだけだったのである（*Super Sententiis*, lib. II, d. 30, q. 1, a. 1, co.）。

ペラギウスなら気に入りそうなこうした記述にあって、恩寵は人間本性の内奥まで浸透してその目的に準じているように思われるほど（「したがって、人間本性は……制定されなければならなかった……肉体もまた……整えられなければならなかった……」）、自然の賜物と見分けがつかない。人間本性は創造されただけではなく恩寵をつうじて「制定」――もともとは法学の語彙のひとつ――されたのである。だが、自然と恩寵はあくまで区別されつづける。事実、罪のために恩寵が奪われたとき、ふたたび自然状態（naturalia）が――たとえ否定的だとしても――白日のもとにさらされる。かくして、こうした自然の恵みは、はっきりと定義されないとはいえ、自然状態に固有の限界であるのと同様に、ひとたび恩寵が奪われれば、罰としても現われることになるのである。

人間本性をその自然原理に[redacted]がって考察するならば、それら自然原理は疑いなく、罰によるのではなく、ただ自[redacted]の欠陥（defectus naturales）によるものであり、無から引き出されて、存在において維持されなければならないものである。つまり、この自然の欠陥は生きとし生けるものに共通で、いかなる被造物にたいしても罰とはなっていない。ところが、もし人間本性を制定されたものとみなすならば、それら自然原理は疑いなく罰である。というのも、最初に与えられていたものが奪われたなら、一般には、罰せられたといわれるからである（ibid.）。

人間本性が残余のものであるというこの負の性格は、人間本性にとっては本質であるがゆえに、逆説的にも人間本性はさながら、罪を犯したために、すなわち、恩寵を失ったために人間が受ける罰であるかのようにみえるのだ。いずれにせよ、完全なる自然（natura integra）と堕落した自然（natura lapsa）に分裂するより前には、人間本性は、純然たる自然と恩寵とに分かれていたのである。人間本性は、恩寵から分離されて残ったものなのだ。

5.3. 恩寵を奪われたときにはじめて人間本性そのものが明らかになるということは、神学者たちがかねてから繰り返してきた、恩寵を衣になぞらえる譬えに暗に示されている。罪を犯す以前のアダムとイヴが裸でいることに気づかなかったのは、罪がないからではなく、自分たちの裸体が恩寵という衣にくるまれていたからである。トンマーゾ・デ・ヴィオ[4]（一五一八年にカトリック教会がルターの対抗馬に立てた神学者カエタヌスの名前でむしろ知られている）が、『神学大全』への『注解』のなかで、「純然たる」人間本性とかつて恩寵を享受していた自然本性とのちがいを、裸の人間と衣をはぎとられた（expoliata）人間とのあいだの違いに譬えて説明することができたのは、まさしくそのためである。衣をはぎとられた後の肉体の裸が、肉体がただ裸でいるのとはちがうように、自然でないもの（恩寵）を失った人間本性は、恩寵を与えられる前のそれとは異なっている。裸にされた肉体がはぎとられた衣によって規定されるように、いまや自然は、失った自然ならざるものによって規定される。自然と恩寵、裸性と着衣は、一対の装置なのであって、いずれの要素も、別々に独立しているようでいて、少なくとも自然についていえば、いったん両者が分かれてしまうと、不変のままでありつづけるわけにはいかないのである。ということはつまり、自然には——裸性そのものと同様に——実のところ一歩も近づくことができないということであり、あるのは、ただむき出しにされた自然、頽落した自然だけなのである。

5.4. 指摘されてきたように（Torrell, p. 112）、人間は恩寵のうちで創られたとトマスが確信してからというもの、原罪以前のアダムには純然たる自然があったとする説は、もっぱら理論上のものにとどまっている（トマスがある箇所で述べているところでは、「神が人間を純然たる自然のうちに（in puris naturalibus）お創りになった可能性がある以上、自然の愛がどこまで拡張できるのかと考えることは有益である」[*Quodlibet*, 1, q. 4, a. 3, co.]）。とはいえ、この仮説はそのつど繰り返し唱えられなければならない。というのも、この仮説には、人間本性を定義づける装置の機能が賭けられているからである。トマスは、純然たる自然について一言も口にしてないとはいえ、これに匹敵する純然たる自然状態（pura naturalia）という表現を幾度となく用いていて（正確には三十二回）、無償の恩寵（gratuita）にこれを対置している。この無償の恩寵のおかげではじめて人間は善に向かって進むことができる（「自然状態からではなく無償の恩寵からこれをもつ（non habet hoc ex naturalibus sed ex gratuitus）」[*Super Sententiis*, lib. II, d. 29, q. 1, a. 2, ad. 1]）。なぜなら、人間のうちなる自然は、幸福に値するものとみなすことはできないからである（illa quae sunt naturalia, non sunt meritoria）（lib. III, d. 30, q. 1, a. 4, ad. 1）。

　純然たる自然の恵みとは何なのかは、はっきり定義されないとはいえ、少なくとも、罪のない状態にあるアダムの「完全なる自然」と、罪のせいで頽落した自然とが区別されるときには、それとなく示唆されている。以下の説明からは、神学者たちが、神が吹き込んだ恩寵の恵みとは無関係に、人間本性についてどうとらえているのかが窺えるので、抜粋しておくのがいいだろう。

完全なる自然状態にあって（in statu naturae integrae）、人間の活動力は、その生まれながらの自然な素質のおかげで（per sua naturalia）、その自然本性にふさわしい善を求めたり施したりできた。この善はすなわち獲得的な徳に相当するが、人間の自然本性を超えた注賦的な徳には該当しない〔5〕。ところが、頽落した自然状態では（in statu naturae corruptae）、人間は、その自然な素質によって人間に見合った善をおこなうことができないのと同じように、その自然本性ならできるはずのことすらなしえないのである（『神学大全』$\mathrm{I^a}$–$\mathrm{II^{ae}}$, q. 109, a. 2, *Resp.*）。

わたしたちがそうと認識している、人間存在に固有の活動を規定する「純然たる自然状態」をトマスがはじめて定義しようとするのは、まさしくこのときである。

しかしながら人間本性は、罪によって完全に堕落してしまい自然の善を完全に喪失したというわけではないので、堕落した自然状態にあっても、人間は人間本性そのものの徳をつうじてなにがしかの独自の善、たとえば家を建てたり葡萄を植えたりするなどの活動（sicut aedificare domos, plantare vineas et alia huiusmodi）を果たせはする。とはいえ、人間にとって生まれつきのものである善を、何ひとつどこにも欠陥がないようにすべておこなうことはできない。それはまた、独力で多少とも体を動かせる病人が、薬の効力で完治しないかぎり健常者のように動くことはできないのと同然である（ibid.）。

「自然状態」についてのこのように簡潔な要約は、偽アウグスティヌス文書の『ヒュポグノスティコン』[6]に典拠がある。そのなかで偽作者は、神の御業については自由意志では十分ではないと述べた後で、人間に生まれながらそなわる善の数々を以下のように列挙している。

（自由意志によって）人間は、自然本性に発する善の数々、すなわち、畑を耕す、食べる、飲む、友人をつくる、衣を身につける、家を建てる、妻を娶る、家畜を育てる、有益な仕事に熟達する。一言でいえば、現在の生活にかかわる善を欲するということである（*Hypognosticon* III, iv, 5 ; PL 45, 1623）。

ここで列挙されている項目のなかに、ダンテが現世の至福を位置づけたあの「自己固有の力の活動」範囲、すなわち、不可欠の欲求（衣・食・飲）のみならず、社会や家庭生活でのおこないや処世術（交遊、妻帯、技能習得）もまた含まれていることは、造作なく気づくだろう。恩寵を失った後にも残って白日のもとに現われ、罪のために自己の目的には不十分との堕落の烙印を押されてしまうのは、まさしく、すぐれて人間的で現世的なこの領域全体なのである。

5.5. ここにいたってわたしたちは、トマスによる人間本性の定義にかかわる装置がいかに機能しているのかを説明できるようになる。人間本性は「純然たる自然状態」と「無償の恩寵」とに分かれているが、その二つの要素がまさしくそれぞれの同一性において現われてくるのは、ひとえにひとつの操作子をつうじてである。双方の分裂を決定づけて、それぞれを理解可能なものにするこの操作子こそ、罪にほかならないのだ。このことは、恩寵が奪われた後にも存続する残余として定義される純然たる自然であれ、罪のせいで消えてしまったときにはじめてその自然ならざる特性が証明される恩寵であれ（霊が宿る肉に霊が従属するというのは「自然なことではない。さもなければ霊は罪の後にも残存しつづけたであろう」）、何ら変わるところはない。恩寵が除去されたときに残るのが自然なものであり、「自然状態（naturalia）」が現われるときに（人間が「その自然な素質のままに残された（relictus）」ときに）消えるものが恩寵である。自然は、恩寵の残余であるとともに恩寵の前提でもあるのだが（gratuita praesupponunt naturalia [*De veritate*, q. 27, a. 6, ad. 3]）、自然は構造上その真の目的を遂げることはできない。かたや、恩寵はそれ以上のもの（aliquid ultra）であり、自然を完成するために自然に加えられるべき補完物であるが（「恩寵は自然を無にするのではなく完成させる [gratia non tollit naturam, sed perficit.]『神学大全』Iª, q. 1, a. 8, ad. 2）、罪以前の楽園でのまったき自然の六時間のあいだは別として、現世にあって恩寵は自然を完全なものにすることはできない。

いずれにせよ、この装置の決定的な要因が罪であるとすれば、原罪をめぐる教理の真の意味は、人間本性を分割して、現世において自然と恩寵とが人間本性というかたちで断じて一体化しないようにすることにあるといえるだろう。アウグスティヌスのペラギウス派駁論集の表題に明らかなように、「自然」と「恩寵」は、アダムが神の掟に背いたためにできた亀裂《チェズーラ》の二つの断片にほかならない。

5.6. 「自然」と「恩寵」の分裂に内包されている人間本性の欠陥が明らかになるのは、楽園でのアダムが動物の肉体をもつとする教理においてである。罪以前、楽園でのアダムの四肢が不老不死であったのは、実のところ、自然ではなく恩寵に由来するとされたからだ。他の生き物と同様、アダムは動物の肉体として創られ、そこに恩寵の恵みが重なり、エデンにいるあいだずっとそのような状態のままとどまることになる。トマスはこう語っている。

原初の状態における不朽性という点では、楽園は人間が住むのにふさわしい場所だった。だが、この不朽性は、自然としての人間に属しているのではなくて、むしろ神の超自然的な賜物であった(non erat hominis secundum naturam, sed ex supernaturali Dei dono)。この恵みが人間本性ではなく神の恩寵に帰されるよう、神は人間を楽園の外でつくり、しかるのちに楽園のなかに据えたのである。というのも、ずっと動物の生の時間のなかでそこに住みつづけて（ut habitaret ibi toto tempore animalis vitae）、いずれ霊の生を得た暁には、天上へともたらされるはずだったからである（『神学大全』I^{a}, q. 102, a. 4, co.）。

恥ずべき排泄は楽園の威厳ある状態にはふさわしからぬものなので、アダムは食べる必要がなかった、と唱える一派に反して、動物の生の諸機能――消化や排泄を含む――は維持されている（ただし排泄については、その汚穢を浄めるべく神が準備してくださるだろうと示唆される。すなわち「そこから不浄にならぬよう、神から配慮がなされることだろう（fuisset divinitus provisum ut nulla ex hoc indecentia esset）」[ibid., I^{a}, q. 97, a. 3, ad. 4]）。しかし、そうした諸機能にはそのつど神の無償の恩寵のようなものが追加されるので、恩寵なしで機能できる領域はそのたびに狭められ縮小する。アダムの肉体は、その動物性の欠陥を強調する一連の中断《チェズーラ》によって分節化されているので、それだけますます超自然的な賜物の存在がそこで優勢になるのである。

彼（アダム）の肉体は、そこに内在していたなにがしかの不死の力のおかげで不朽だったわけではなく、むしろ、超自然的に神から与えられた力（vis quaedam supernaturaliter divinitus data）が彼の魂に宿っていたのである。そして、神に服しつづけるかぎり、魂はこの力で肉体を一切の滅びから保護することができたのである［……］。というのは、理性ある魂は肉体の質料にくらべてまさっているので、肉体の質料を超えて肉体を保存できる力が最初に魂に与えられたのはしごくもっともなことだったのである（ibid., I^{a} q. 97, a. 1, co.）。

5.7. アダムが動物の肉体であるというこの教理の原型は、またもやアウグスティヌスにさかのぼる。『神の国』においてアウグスティヌスは、楽園の肉体は霊《スピリトゥアーレ》的ではなく動物的《アニマーレ》な性格を帯びているとさらりと述べている。

> 土から出た最初の地上の人間は、生きた魂《アニマ》として創られたのであって、生命を与える霊として創られたわけではなかった。この状態が人間のためにあらかじめ確保されたのは、人間が従順であることの報酬なのである。飢えたり渇いたりしないよう飲食物を必要とするこの肉体は、朽ちることのない絶対の不死性によって死の必然性から遠ざかっていたわけではなく、生命の樹のおかげで若さが開花したまま保たれたのである。それゆえ、人間の肉体は、霊的な肉体ではなくまごうことなき生きた《アニマーレ》〔動物の〕肉体であった。とはいえ、もしも罪を犯して、神があらかじめ警告しておられた裁きの宣告を受けるような憂き目をみなかったとしたら、人間は断じて死にさらされることはなかったはずである（XIII, 23, 1）。

アウグスティヌスは、復活の霊的な肉体についての『コリントの信徒への手紙一』の一節（15：42-46）をこう解釈している。すなわちパウロは、純然たる動物として創られたアダムの肉体を、この霊的な肉体と対置しようとしている、というのである。

> 使徒パウロの言葉によれば、最初の人間は生きた《アニマーレ》肉体として創られた。というのも、パウロは、現在の生きた肉体を、復活のときに起こるであろう霊体から区別しようとして、こう述べているからである。「蒔《ま》かれるときは朽ちるものでも、朽ちないものによみがえり、蒔かれるときは卑しいものでも、栄えあるものによみがえり、［……］生きた体で蒔かれても、霊の体によみがえるのである」。［……］それから、生きた肉体とは何かを明らかにするために、パウロは「最初の人間は生きた魂《アニマ》になった、と書かれている」と付け加えている。したがって、アダムと呼ばれた最初の人間が創られ、神の息によって魂が吹き入れられたとき、聖書では「最初の人間は生きた肉体として創られた」とは記されてはおらず、「人間は生きた魂になった」と記されているのだが、パウロは、いま述べたような仕方で語ることによって、生きた肉体とは何かを示そうとしたのであった。「生きた魂《アニマ》」と書くことで、使徒は、人間の生きた《アニマーレ》肉体のことを指し示そうとしたわけである。［……］こうしてパウロは、「最初の人間は生きた魂となった」と記されたところでは、生きた肉体を指し、「最後のアダムは生命を与える霊となった」とあるところでは、霊体を指すということを、ことさらに明言し

たのであった。実のところ、先行するのは最初のアダムがもった生きた肉体なのであって、罪を犯しさえしなければ死すべきものとはならなかっただろう。これは、現在わたしたちがもっているのと同じ肉体であり、その自然本性は、罪の結果として死がもはや避けられないほど、変化し腐敗しているのである（『神の国』XIII, 23, 2）。

アウグスティヌスによるアダムの肉体の却下ほど決定的なものはありえないだろう。彼は、聖書（実は七十人訳ギリシア語聖書）が「息」に「プネウマ」ではなく「プノエ」の語――「創造主よりも被造物にむしろふさわしい名詞」（『神の国』XIII, 24, 3）――を用いていることを何の根拠もなく示すことで、『創世記』の一節「主が命の息をその鼻に吹き入れると人間は生きた魂となった」（2:7）の解釈を無理にこじつけることさえ厭わないほどである。楽園におけるアダムの生は、動物の肉体の生なのだ。

5.8. アダムの肉体は恩寵を受けないまま楽園で何をすることができるのだろうか。純然たる動物としての人体に何ができるというのだろうか。この問いこそが、癒しがたくも引き裂かれてしまった人間本性の神学的な位置を決定している。人間が「自然状態で（in naturalibus）」おこなうことのできるさまざまな行為の多少なりとも詳細なリスト（「畑を耕す、食べる、飲む、友人をつくる、衣を身につける、家を建てる、妻を娶る、家畜を育てる、有益な仕事に熟達する、一言でいうならば、現在の生活にかかわる善を欲する」）は、地上における人間の生活領域そのものと合致する。にもかかわらず、神学という装置は、それらを欠落のある領域に囲い込んで分離するのである。この分離装置は、何かを除去するのではなく、何かを追加する。その何かとはすなわち恩寵である。いったん罪によってこの恩寵が奪われてしまうと、人間の生や活動は、脱落や欠陥の烙印を捺されて、純然たる自然状態に変容するというわけだ。

かくして、人間にとって人間自身の本性が欠点になってしまう。アウグスティヌスに帰され、なおかつ神学者たちによってさんざん言い古された格言によれば、「アダムはじっと立つことはできたが、歩くことはできなかった（Stare Adam poterat, pedem movere non poterat）」。ペトルス・ロンバルドゥスによればその意味するところは、「アダムは受けとったものから逸れることはなかった」が、「救済する価値のある適切な」行為をなすこともできなかった、となる（*Liber quattuor sententiarum*, lib. II, dist. 24, cap. 1）。「生きた（動物の）肉体」と「霊的な肉体」の区別や、自然状態と無償の恩寵の区別は、この欠点を成文化したものにすぎない。それとちょうど同じように、「完全なる自然（natura integra）」と「堕落した自然（natura corrupta）」の区別は、人間本性に癒しがたくもその欠点が存続することの証明となっている。完全なる自然とは、そこから恩寵の覆いを取り去るだけで、欠陥のあるその裸性がさらけ出されるような何かである。それゆえ罪は、最初からそこに刻まれていた欠陥の操作子にほかならない。人間がそこから追放されるほかなかった地上楽園とは、人間本性の完成というよりもむしろ、その構造上の欠陥を示す暗号なのである。

エリウゲナやダンテの思想は、こうした教理にたいするもっとも徹底した反駁となっている。神が人間を動物という類として創造したとすれば、エリウゲナによれば、そういうかたちで完全なる自然を創造することを神が欲したからである。「人間はあらゆる動物のなかに、あらゆる動物は人間のなかに存在する」というわけである。生きとし生けるものすべてに充溢する唯一無二の「原動力」があり、どの生き物もひとつ残らずそれ自体で生である。なぜなら、アリストテレスの三つの〔植物的、感覚的、知性的〕生命力は実際にはたったひとつの力だからである。人間本性は、恩寵が加わる必要などなく、「その動物としての存在においてどこまでも神に似ており、神の似姿としてどこまでも動物」なのである。罪は、意志にかかわることなので、自然本性を堕落させることはありえない。自然はそれ自体で「いかなる罪にもまったく縛られず自由」なのである。これと同じように、罰は自然でなく行為にかかわるがゆえに、自然はいかなる罰も免れている。

おそらくエリウゲナにとってはおなじみのこうした主題は、ダンテにあって、歴然たる政治色を帯びることになる。マルコ・ロンバルドがはっきりと説くところでは、人間を罪人たらしめるものは「悪しき導き」なのであって、自然本性のせいではない（「汝らの堕落した本性ではない」〔『煉獄篇』XXVII, 140–142〕）。微に入り細を穿った情け容赦のない『神曲』の罰の牢獄が対象としているのは、あくまで人間の行為であって、本性ではない。本性はキリストをつうじて無罪かつ自由であったし、今なおそうである。こうした前提に呼応するように、地上楽園は、「現世の至福（beatitude huius vitae）」の暗号、つまり個人として政治家として実現しうる地上での幸福の暗号である。そして、その自由や主権に従うならば（「おまえの意志は自由で廉直で健全である。［……］だから、おまえの頭上に戴冠することにしよう」［『煉獄篇』XXVII, 140-142］）、人間は、ダンテがそうしたように、あらためて楽園に足を踏み入れ、そこでマテルダとして擬人化された原初における無垢と正義に邂逅できる。恋する乙女はそこから一歩たりとも外に出ることはないのである。

ダンテの地上楽園は、神学者たちが唱えてきた楽園の陰画である。このように明白で断固たる対立があるにもかかわらず、トマスやスコラ神学をつうじてダンテが解釈されつづけているというのは、少なくとも奇妙なことではある。そしてあえて付言するなら、このことは、正典に祀り上げてしまうことほど作品を晦渋で読みづらくするものはないことを示す、ひとつの証左なのである。

第六章　王国と楽園

6.1. トマスの『創造主としての神』への『注解（*Commentaria*）』のなかでフランシスコ・スアレス[1]は、「これまでにもこれからもありえないであろう奇妙な論題」であることを認めつつも、もしもアダムが罪を犯さなかったとしたら、人間の条件はどうなっていただろうかと、ある箇所で自問している（第五書のタイトルは「もしも最初の始祖たちが罪を犯さなかったとしたら、この世の旅人たちが置かれていたであろう状態について（*De statu quem habuissent in hoc mundo viatores, si primi parentes non peccarent*）」）。スアレスはまず、人間が無垢な状態のままで子孫を増やしていくことになるかもしれないやり方を詳細に議論し、重婚や不妊や肉体の障がいはなくならないだろうと主張する人たちの意見を糾弾する。そしてさらに、無垢な状態においては結婚後でも処女性が守られるかどうかという問題を検討し、「生命を維持するために人間の役に立つであろう事物」を数え上げる。こうしてしかるのちに、同じ章においてこの神学者は、「村落であれ、都市であれ、王国であれ、そういった政治的共同体は存在したであろうか（an essent in statu innocentiae propria communitas politica, sive pagi, sive civitates, sive regni）」という問いを立てずにはいられないのである（*Commentaria*, VII, 4）。

スアレスにとって疑いないように思われるのは、無垢の状態にある人間が「夫と妻の合体および息子たちの出産によって生まれる家族の共同体（societas domestica）」は知っていたであろう、ということである。逆に、いっそう議論の的になると思われるのは、「政治的な共同体（societas politica）」なるものの存在の必要性である。というのも、無垢の状態にあっては（in statu innocentiae）、敵など存在せず、どの家族も自分たちが必要とするもので十分だろうからである。さらにスアレスは以下のように付け加えている。

とはいえ、たとえ無垢な状態にあったとしても、人間が政治的な共同体をもったであろうことは擁護されねばならないと思われる。ちょうど、完全な社会や王国においてそうでありうるように［……］。その根拠はこうだ。ある状態における人間の統一は、ただ偶発事や自然の堕落によって起こるのではなく、いかなる条件であれ人間にふさわしいものであるし、人間の完全さにかかわっているからである（ibid., VII, 6）。

つづく数ページでこの神学者がスケッチする「完全な共同体」のイメージは、しかしながら、期待外れのものである。「人間による人間の支配（dominnum hominis ad hominen）」が存在したかどうかの問いにたいして彼は、二つの支配を区別することによって答えている。すなわち、「所有による支配（dominium proprietatis）」つまり主人による奴隷の支配と、「命令ないし統治による支配（dominium directivum seu gubernativum）」つまり共通善のもとで他者に命じたり他者を裁いたりする支配である（ibid., VII, 11）。無垢の状態にあって、前者の支配のかたちが存在理由をもたないのにたいして、わたしたちのよく知る社会になじみ深い後者は、楽園の状態にあってもその必要性を保持している。夫の妻にたいする支配権は存在したであろうように、「完全な共同体の状態においても、君主が臣下にたいしてもつような司法権による支配（dominium iurisdictionis）は必要となるであろう」。この支配の力は、すでに示唆されてきたように、罪に起因するのではなくて、共同体の本質そのものに付随し（non ex culpa, sed ex ipsa rei natura sequitur）、「純粋であれ、完全であれ、あるいは堕落していようと、人間本性のあらゆる条件において（in omni statu naturae humanae, sive purae, sive integrae, sive lapsae）」働いている。スアレスによると、この支配に対応する服従は、無垢の状態の完璧さを何ら傷つけるものではない。なぜなら、人間からその自由意志を取り上げてしまうことはないからである。

その統治権はそれゆえ、臣下を処罰するような強制的な力ではなくて、むしろ、共同体のより大きな幸福と平和とに向けられるよう企図されたものだったであろう。

ただしすぐに次のように限定される。「このことは当然ながら無垢のままでありつづけている臣下に当てはまるものである。もし罪を犯す者がいたら、状況は変わってしまうだろう」(ibid., VII, 12)。

ところで、トマス自身もまたさらにいっそう大きな確信をもって、「自由な人間を統治し導く能力を有する者」に帰属する「人間による人間の支配」を正当なものとみなしていた(『神学大全』I^a, q. 96, a. 4, co.)。

無垢の状態にあって、そうした人間による人間の支配が存在したであろうと思われる理由は二つある。最初の理由は、人間はもちろん社会的な動物であり、それゆえ無垢の状態にあっても社会的なやり方で(socialiter)生きていただろうからである。とはいえ、社会生活を共通善へと導く者がいなければ、多くの者の社会生活はありえないだろう。実際、多くの者は多くのことを求めるが、ただひとりの者だけがただひとつのことを目指しうる[……]。二番目の理由は、もしひとりの人間が知識と判断において他人よりも優れているとするなら、他人の利益のためにこれを利用しない手はないからである(同書)。

6.2. 無垢な状態における人間社会についてのこの記述は、キマイラ的で想像力を欠くもので、これが証明しているのは、ただひとえに、神学者たちにとって地上楽園がいかなる意味でも政治的パラダイムにならないということである。ここにおいて地上楽園の唯一の意味は、奴隷支配の排除と不動産所有権の排除とに尽きる（入念にもスアレスは、動産と動物たちについては特権［peculiare ius］となるであろうと述べている）。とはいえこのことは、楽園の条件いかんにかかわらず、すでに教会の伝統において何度も主張されてきたことである。一方、神学者たちが無視できなかった古い伝統によると、地上楽園は、福音の告知の根本的な内容である「神の王国（basileia tou theou）」と結びつけられてきた。このつながりは、古代末期のユダヤ教の黙示録文学において幾度も顔を見せている。『レビの遺言』[2]を締めくくる預言的なヴィジョンによれば、終末のときに主は「イスラエルの真ん中に住まわれ」、新しい祭司を立てられる。そしてこの祭司は、地上に「真理の審判」を宣告し、義人たちのために地上楽園の扉をふたたび開けるだろう、という。

その祭司のもと、罪は姿を消し、法の違犯者たちは悪を働くことをやめるだろう。彼は、天国の扉を開け、アダムに向けられた剣を払いのけるだろう。聖人たちに生命の木から食べ物を与え、彼らのもとに神聖な霊を置くだろう（『レビの遺言』XVIII, 10-11）。

初期キリスト教の時代に普及したテクスト『エチオピア語エノク書』によると、終末論的な王国の到来は、生命の木の再出現および楽園の条件の復元に一致する。山の頂で突然に出現してきたかぐわしい香りの木が何であるのかを尋ねたエノクにたいして、天使は次のように応答する。

おまえが見ている主の玉座のような頂の高いこの山は、偉大にして聖なる主が祝福をもって地上を訪ねに降りてこられたときに座られることになる玉座である。かぐわしい香りのこの木は、大いなる裁きのときまで誰も触れることはできない。主が万人の恨みを晴らし、すべてが終わりを迎えるとき、この木は、義なる人々と謙《へりくだ》った人々に与えられるだろう。その果実は、選ばれた者たちに生命を与えるだろう。この木は北に向かって、永遠の王たる主の家のある神聖なる場所に植えられるだろう。そのときには彼らは歓喜し、聖所に安らぎ、誰もが骨の髄まで木の香りをしみこませ、おまえの先祖たちのように地上で長生きするだろう。そして彼らの生きているあいだ、病気や苦しみや災いが彼らに及ぶことはないだろう（『エチオピア語エノク書』XXV, 3-6）。

トレント公会議のときまではウルガタ聖書に含まれていた『第四エズラ書』においてもまた、四百年のあいだ地上を統治することになるメシアの到来にあたり、「ゲヘナのかまどと、その真向かいに悦楽の園が出現するだろう」。さらに後のユダヤ教において、ダヴィデのひこばえたるメシアによって復興する地上の王国は、イスラエルを抑圧してきた人民たちの敗北の後、エデンの園で繰り広げられる宴において最高潮に達する。この宴のあいだ、義人たちはレヴィアタンとベヒモスの肉を食べ尽くすのである。

キリスト教の伝統にとってはるかに重要なのは、もちろん新約聖書に三度登場する「楽園」という語であり、そのうち二度は王国と関連している。「あなたの王国に（eis basileian sou）おいでになるとき、わたしのことを思い出してください」と、隣で十字架にかけられている罪人が語りかけると、イエスは、「あなたは今日、わたしとともに楽園にいる（en tō paradeisō）」（『ルカによる福音書』23: 42）と応えているが、それはまるで、王国と楽園とが同義であるかのようだ。さらに『ヨハネの黙示録』（2: 7）では、聖霊が「勝者」、つまり終末の試練を乗り越えて永遠の王国に入ることのできる者に向かって、「神の楽園にある生命の木の実を食べさせよう」と予告しているのである。

6.3.

それゆえ、神学者たちの沈黙のなか、しばしば異端のレッテルを貼られてきた宗教運動が、プラド美術館のボスの三連画に影響を与えた自由心霊兄弟団にいたるまで、地上楽園と王国をはっきり同一視してきたとしても、さして驚くべきことではない。とはいえ、すでに初期の教父たちにおいて、楽園と王国との関係は認められており、ユダヤ教黙示録の伝統にしたがって、王国は、終末のときに先立つ地上の王国とみなされてもいたのである。実際、『ヨハネの黙示録』において、この王国は、サタン、つまり「いにしえの蛇（ophis ho archaios）」が鎖につながれ、底なしの淵に投げ入れられる千年間に該当する。

わたしはまた、ひとりの天使が、底なしの淵の鍵と大きな鎖を手にして、天から降りてくるのを見た。この天使は、いにしえの蛇にして、悪魔かサタンの竜を取り押さえ、千年のあいだ縛って底なしの淵に投げ入れ、鍵をかけてその上に封印をし、千年が終わるまで、諸国民を惑わすことができないようにした（20: 1-3）。

この時点で最初の復活が起こり（hē anastasis hē protē）、これにつづいて、獣を崇めなかった人々がキリストとともに統治することになる。

最初の復活にあずかるのは、祝福された者と聖なる者たち。彼らのもとでは第二の死は何の力もない。彼らは神とキリストの祭司となって、千年のあいだキリストとともに統治するだろう（basileusousin met' autou chilia etē）（20: 6）。

義人たちは肉の復活の後、千年のあいだ地上を幸福に統治するだろうとする黙示録の伝統を受け入れたパピアスとユスティヌス以降、千年王国に関する固有にして真の神学が転機を迎えるのは、エイレナイオス[3]においてである。彼は、『ヨハネの黙示録』と他のテクストのくだりのあらゆる寓意的解釈を拒絶する。そして、旧約聖書の預言（とりわけ、『イザヤ書』［11：6-10］、『エゼキエル書』［37：12-14］、『エレミヤ書』［31：10-13］）からパウロにいたるまで、これらを王国の現実性を証明するために利用するのである。

これらすべてのことは、天上の現実を指していると理解することはできない［……］。そうではなくて王国の時間をさしているのであり、このとき、天のエルサレムの模範にしたがってエルサレムが再興され、地上が新たに生まれかわるのである（Ireneo, p. 444）。

王国はとりわけ宇宙論的な意味を担い、その年代を特定することにエイレナイオスはことさら意を注いでいる。偽バルナバの示唆を拾い集めながら、エイレナイオスは、創造の七日間と世界の七時代との対応関係を打ち立てる。

世界がつくられた日数と同じ数の千年紀を迎えると、世界は完成するにいたる。それゆえ聖書は創造についてこう述べている。「天と地とそのあらゆる装飾は完成された。こうして六日目、神はおこなわれたすべての仕事を完成され、七日目に、おこなわれたすべての仕事から休まれた」。この一節は、ただたんに過去の出来事の物語であるだけではなく、未来に起こることの預言でもある。実際もし「主の一日は千年のよう」であり、六日間でことがなしとげられたとするなら、すべてが完了するのが六千年であるのは明らかだ（ibid., p. 358）。

七日目に対応する七番目の千年紀は、それゆえ王国の時間であり、「このとき主が天から雲の上に降りてこられ、アンチキリストと彼に従う者たちを燃える炎のなかに追い払い、義人たちに王国、つまり休息の時間を与えられる」（ibid., p. 386）。

エイレナイオスの教理の理論的核心にあるのは、世界史の第七千年紀と王国との年代的一致に加えて、地上における贖いという現実の打ち消しがたい要請である。ここにおいて、創造の本来の地位そのものが即座に問いに付されることになるのである。事実エイレナイオスは、『ローマの信徒への手紙』の一節（8: 19–21）、すなわち、「神の子たちの新たな出現を待ち望む自然の切なる期待（apokaradokia）」をパウロが呼び出す一節を、王国の宇宙論的な観点から読んでいる。パウロがここで「被造物そのものが、堕落の隷属から解放されて、神の子たちの栄光に輝く自由にあずかれる」と告げるとするなら、エイレナイオスにとってこのことが意味しているのは、全創造とともに千年王国において、人間本性そのものが、その本来の自由と全体性のなかで修復されるだろう、ということである。

事実、神はあらゆることにおいて恵まれ、すべてのものが神に属している。それゆえ、同じ自然の条件が起源のもとに回復され、もはやいかなる禁止もなく義人に奉仕するということが起こるのである（et ipsam conditionem redintegratam ad pristinum sine prohibitione）（ibid., p. 398）。

王国は必要である。なぜなら人間は、地上で奪われてきた幸福を、同じ地上の条件のなかで再発見しなければならないからである。

以下のことは正しい。すなわち義人は、彼らが耐え忍び、無数のやり方で試練にさらされてきたのと同じ条件において、彼らの苦しみの果実を摘みとるということ。また義人は、彼らが虐殺されたのと同じ条件において、復活されるということ。さらに義人は、彼らが隷従に耐えているのと同じ条件において、統治するということ（in qua conditione servitutem sustinuerunt, in ipsa regnare eos）、である（ibid., p. 398）。

エイレナイオスの王国の神学においては、地上の束の間の幸福が天上の幸福に先んじなければならない。なぜなら、原初の全体性へと人間本性が回復されるのは、この地上においてだからである。

それゆえ、はっきりこの点に関してエイレナイオスが地上楽園を呼び起こすのも、もっともなことである。いわく、王国における義人の住まいは、異なるかたちをとりうる、つまり天上においてであれ、再建されたエルサレムにおいてであれ、地上楽園においてであれ、その住まいは据えられうる。

天の住まいに似つかわしいとみなされて天に上る者もいれば、楽園の歓喜を享受する者もいるし（tēs tou paradeisou tryphēs apolausousin）、さらには都市の美しさと輝きを享受する者もいる（ibid., p. 458）。

いずれにしても、「神はいたるところにおみえになる」。なぜなら、「すべては神のもとにあり、各人によりふさわしい住まいの恵みを与えられるからである」。

6.4. 「キリストは王国を告げたが、到来したのは教会である」。アルフレッド・ロワジ〔4〕のこの皮肉な言い回しに隠されている問題は、目の上の瘤《こぶ》であったため、かえって見て見ぬふりをされてきた。もし王国が、福音の予告の本質的な内容にかかわるものであり、キリストにおいて存在することがいささかの疑いもないとするなら、あらゆる意味で決め手となるのは、教会という現実にたいして、王国という現実がいかなる様態をとりうるのかという問題である。この問題の要点が明らかとなるのは、次の事実においてである。すなわち、エイレナイオスと初期教父たちの王国の神学は、教会制度の強化とちょうど反比例するように、次第に追い払われていく、という事実である。エイレナイオスの死から一世紀後、王国に関する初期教父たちの教えを無条件で「おとぎ話じみた（mythikotera）」教理と定義したのが、くしくも帝国と教会の同盟の立役者、カエサレアのエウセビオスであったというのは（『教会史』III, 39, 11）、意味深長である。初期教父の伝統に抗してエウセビオスは、ドミティアヌス帝に尋問されたキリスト教徒たちの証言に言及している。彼らは、「キリストの王国は地上のものでも現世のものでもなくて、天上の天使的なものであり、世界の終わりに出現し、このときかの方は栄光のうちにやってきて生者と死者を裁かれる」、と答えたというのである（同書 III, 20, 4）。

とりわけ教訓的なのはテルトゥリアヌスの場合で、その著作のなかに、地上の王国という概念から天上の霊的な王国という概念への移行をたどることができる。肉の救済を否定していたマルキオン[6]との白熱した論争のなかで、テルトゥリアヌスは、「神の御業によって天から降ろされ、エルサレムに置かれた」地上の王国という黙示録的な信条を表明しているようにみえる（*Adversus Marcionem*, III, 24, 3）。しかしながら、テルトゥリアヌスが強調するのは、その霊的な特徴であり、その内奥の本質を「天上的」と定義しているのである（「天の王国のこの理論［Haec ratio regni celestis］」と、テルトゥリアヌスは常套句を用いているが、「コーパス・クリスティアノールム[7]」の編者たちはこれに困惑して、「天のもとの（subcaelestis）」と修正することを提案した）。テルトゥリアヌスはまた、異教徒の証人たちによって確認される事実にも言及している。それによると、「ユダヤでは四十日のあいだ朝方の空に都市が浮かんでいるのが見えるが、次第に日光がさしてくると、その城壁は消えていく」。さらにテルトゥリアヌスは、おそらくはエイレナイオスから引用して、「神の下僕たちがまさしく神の名のもとに苦しめられた場所で今度は喜びを味わうことになるのは、神にかなうことであるから、［……］復活する聖人たちを迎え入れるために」、その都市は神によってあらかじめ整えられていた、と示唆している（ibid.）。だが、彼はまた周到にも、「われわれの市民としての身分（politeuma nostrum sive municipatum）は天にある」と特定してもいるのだ。それゆえテルトゥリアヌスが、『復活について』のなかで、地上の王国の教理をユダヤ的なものとして決然と批判するのも、不思議ではない。「ただ地上のものだけを待ち望み、天上のものを見失う」ユダヤ人たちは、聖なる地をユダヤの土地と混同しているが、聖なる地とは、「キリストをみずからにまとったすべての人において、キリストの肉」のことにほかならない（*De resurrection*, XXVI, 10–11）。イザヤがその復興を予告したエルサレムは、預言者たちを殺害し、そこに遣わされた人たちを石打ちにした都市のことではない。ユダヤ教批判をもしのぐその徹底ぶりで、テルトゥリアヌスは次のように主張する。「いかなる土地にも救済は約束されていない。なぜなら、全世界のかたちとともに現世の土地が消えていくのは必然だからである」、と（ibid., XXVI, 13）。

さらにまた、地上の王国の否定は、楽園の条件の回復の排除とも一致する。

たとえ誰かが、聖なる土地とは楽園のことであって、アダムとイヴという始祖の楽園と呼ばれてもいるとあえて主張するとしても、それは、そこを守り耕すべくあてがわれていた楽園での回復が肉に約束されていて、人がそこから追放されたという条件でそこに呼び戻されるようになるかぎりにおいてである（ibid., XXVI, 14）。

6.5. 『神の国』でアウグスティヌスは、義人の王国に関する『ヨハネの黙示録』の一節（20：7–9）を注解しているが、それは、千年至福的なあらゆる解釈を退けるためである。かつては自分も千年至福説を信じていたと告白しつつも、彼はいまや、この「六千年の苦難の後の聖なる休息（vacatione scilicet sancta post labores annorum sex milium）」という観念を、「滑稽なおとぎ話」として留保なくご破算にしようとする（XX, 7, 1）。この説を主張する教父たちの名前を挙げることなく、見下すようにして彼は書いている。「こうしたことは、ただ肉的な人間だけが信じうるものだろう。霊的な人間は彼らのことをギリシア語で「キリアスタ」と呼んでいるが、われわれは同じような意味で「千年至福論者（miliarios）」と呼ぶことができるだろう」（同書）。ヨハネが語る千年は、世界史の六千年の最後の部分としてではなくて、むしろ一種の強引な数の遊びによって、あたかも時間の充満そのもの（ipsa temporis plenitudo）を意味すると解されるべきだろう、というのである。

ヨハネはたしかに、この世のすべての年数の代わりに千年を用いたのであり、そうすることで、完全な数が時間の充満そのものを示すようにしたのである。実際に千という数は十という数の立方体をなしている。十の平方は正方形だが、これは平面である。これに高さが与えられて立体になるのは、百がさらに十倍されて千となるからである。[……]それゆえ、まして千という数は、十の平方が立方体となったものであるから、全体の代わりとなる（pro universitate ponuntur）のである（同書 XX, 7, 2）。

アウグスティヌスによるこの決定的な寄与は、しかしながら、「義人たちはキリストとともに千年のあいだ統治することになるだろう」とはっきり読める『ヨハネの黙示録』の一節の言い回しを帳消しにするものである。教会の歴史とキリスト教の正史の長い血統を引く者がもつべき身振りによって、アウグスティヌスは、きっぱりと王国を教会の時間と同一視する。つまり、審判の日に分けられることになるまで義人と悪人が共存している時間である。そうすると「王国」という語からその本来の意味が失われてしまうことを彼は十分に承知していて、次のように提案するのだ。王国は、時間の終わりの後に来るであろうものとは「かなり異なっていて対等でもない（alio aliquo modo, longe quidem impari）」意味で理解されるべきである、と。アウグスティヌスによれば、「「見よ、わたしは時間の終わりまであなたたちとともにいるだろう」といわれるとき、聖人たちが今もすでに支配しているのである。さもなければ、教会が今もすでにキリストの王国と呼ばれたり、天の王国と呼ばれたりすることはなかったであろう」。それゆえ王国があるのは、まさしくこのようにささやかな意味においてである。たしかに、この王国は麦も雑草も刈り入れ、教えを守る者も犯す者も受け入れている。が、教会こそが神の地上の王国であり、そうでありつづけるのだ。

こんにちにあって教会がキリストの王国であり、天の王国である。そしてキリストとともに聖人たちが支配している。たしかにそれは、かのときに支配することになるだろうものとは異なるやり方である。だが、たとえ教会において毒麦が麦とともに成長するとしても、毒麦がキリストとともに支配することはないのである（同書 XX, 9, 1）。

すでに正当にも指摘されたように、アウグスティヌスは、こうして終末論的な出来事を歴史の時代のなかに解消することで、王国の期待を打ち消してしまう（Nigg, p. 144）。教会の歴史的存在と一致するかぎりにおいて、王国は、あらゆる政治的意味を剝奪され、神の国の地上における推移と同一視されることになるのである。この神の国は、時間の終わりのときまで、親密にも距離をとりながら、地上の国と共存していくのだ。

א　このように王国を中和化することによって、アウグスティヌスは大なり小なり自覚的に、唯一の歴史的時間の表象を打ち立てることになった。かくして、オロシウスの[8]『異教徒に反駁する歴史』から、フライジングのオットー[9]の『二つの国の歴史』にいたるまで、アウグスティヌスに影響を受けたキリスト教の歴史記述が誕生したのである。この意味で、その著の第五書の序文で、「わたしが教会と呼ぶ、二つではなくてほぼただひとつの国の歴史を編んだ（Videor mihi non de duabus civitatibus, sed pene de una tantum, quam ecclesia dico, historiam texuisse）」と宣言するオットーは、アウグスティヌスに忠実でありえたのである。千年至福の王国をアウグスティヌスが中和化したことで、歴史記述は、年代学のうちにのっぴきならない亀裂をもたらしたかもしれない異質の要素を、みずから排除してしまった。どの程度まで近代の歴史家たちが、まさしく均質な歴史空間をこの中世の編年史研究から受け継いでいるのかという問題については、ここで深入りすることはできない。

6.6.　福音書において王国が、イエスの存在と言葉と行動に一致するアクチュアルな現実であることは、いかなる神学者であれ否定すべくもない事実である。イエスは、「王国はいつ来るのですか」と尋ねる者に、それはすでに来ているときっぱりと答えているが（「神の王国はあなたたちのところに来ている［ara ephthasen eph' hymas hē basileia tou theou］」『ルカによる福音書』11：

20）、それだけではない。王国の現前もまたそのつど、ギリシア語ではっきりとすでになされた出来事を示す完了形の動詞によって表現されているのである（「時は満ちて、神の王国は近づいた［peplerotai ho kairos kai ēggiken hē basileia tou theou］」『マルコによる福音書』1：15）。動詞eggizō に由来する副詞 eggys は、語源的に「手の届くところにある」という意味）。王国はいつ来るのかと尋ねたファリサイ人にたいするイエスの答え、「エントス・ヒュモン・エスティン」が、「あなたたちの内に」ではなくて「あなたたちの真っただ中に」を意味すること、あるいはもっと正確には「手の届くところに、可能な行動の範囲のなかに」を意味することは、いまや周知のところである。

とはいえ、『マタイによる福音書』（25：31-34）のように、王国が未来の現実として語られているように思われる箇所もある。そこでは王国は、人の子が荘厳さに包まれてやってきて、栄光の座につくときに到来する。「このとき王は右側にいる者たちにいう。「さあ、わたしの父に祝福された者たちよ、世界の始まりのときからおまえたちのために用意されている王国を受け継ぎなさい」と」。ここで王国は、未来の出来事ではあるが、同時に、時間の最初のときから存在している何ものかでもある。王国の即刻の存在を告げた福音書記者ルカも、別のところでは、来たるべき時間のなかに王国を切り離している。「東から西から、南から北から人々がやってきて、神の王国で饗宴の席につくだろう」（『ルカによる福音書』13：29）。「エスカトン」としての、つまり「終わりの時」としての王国の時間的状態をめぐる神学者たちの困惑は、ここに起因する。「現実となった終末論」の支持者たちが主張するところでは、近未来を指しているように見えるテクストは、現在において完了していることを示していると解釈されるべきである。これよりも優勢なのは、弁証法的ないし進歩主義的な解釈で、それによると、王国の現前は、「すでに」と「いまだに」のうちで分解していて、両者のあいだの時間は、すでに始まってはいるがいまだその最終的な実現を待っている救済の時間である、とされる。こうして王国は、その現実性を喪失し、その完結が無限に引き延ばされる過程における一種の移行期へと変容するのである。

א　ヴァルター・ベンヤミンが示唆するように、階級なき社会という理念においてカール・マルクスがメシアの王国という理念を世俗化したとするなら、ここにおいてもまた、終末論的な時間の分節をいかに思考するかをめぐって神学者たちを二分してきたのと同じアポリアと論争が再現されているとしても、不思議ではない。先史と歴史、階級に分裂した社会と階級なき社会——ソヴィエト革命はそこで座礁したのだが——、これらのあいだの移行期が無限に持続するという問題は、王国の到来をめぐる純粋に神学的な問題と、完全に一致している。そして、教会と王国との両立性という問題に対応するのは、これと同じようにアポリアをはらんだ、党と階級なき社会との両立性という問題である。

6.7. 時間の終わりにおけるキリストの完全な現前を指す「パルーシア」という用語は、典型的にパウロのものである。共観福音書においてこの用語は、ただ『マタイによる福音書』(24) だけに現われる。「パルーシア (ウルガタ聖書は adventus という訳語を当てている) と時間の終わりのしるしはどのようなものでしょうか」と尋ねる弟子たちに、キリストは、人の子のパルーシアを、「東から出て西にきらめきわたる」稲妻と、「すべてを流し去る」洪水とに譬えている。一方、「主イエス・キリストのパルーシアにおいて (あるいは、によって)」という言い回しを少なくとも七回使っているパウロは、メシア的出来事を二つの契機に分解している。すなわち、時間の終わりにおけるキリストの復活と再臨である。パルーシアを「到来 (adventus)」と訳すことは、しかしながら、適切ではない。ギリシア語においてこの用語は、たんに「現前」を意味している (para-ousia とは文字どおり「かたわらにあること」である。まるで現在形の「ある、いる」が、いわばみずからのかたわらに位置することであるかのように)。それゆえこの用語は、第一の出来事を完成するために付け加えられる第二の出来事を指し示しているのではいない。パウロがこの用語を使うのは、二つの異質な時間によって組み立てられたメシア的出来事の特殊な構造を思考するためである。それとは、カイロスとクロノスであり、カイロスにおいて、すべての時間がひとつに縮約されるのにたいして (「時間は縮まっています」『コリントの信徒への手紙一』7: 29)、クロノスにおいて、時間はほぼみずからのかたわらで延びていく。つまり、クロノロジーにおける二つの契機が問題なのではなくて、時間のメシア的な変容における二つの契機の問題なのである。いずれにしても肝要なのは、ひとつの現前をつかまえることなのだが、この現前は、時間の経験の根本的な変質を含意するものなので、ある決まった年代上の一点に据えることはできない。王国についても同じことがいえるだろう。すなわち、王国は今ここに現前しているのだが、同時に常に「到来しつつあり」、常に「向かってきている（ad-veniente）」。だが、このことは微塵も延期を意味するものではない。近代の神学者たちが不用意にも語っている、いわゆる「パルーシアの遅延」なるものは、パウロにとっておよそ考えられないものである。王国は彼にとって、二つの出来事──復活とパルーシア──のあいだではっきりと限定された一区切りの時間なのではない。王国は、全体として完結しているのだが（「神はわたしたちを闇の支配から救い出し、その子の愛の王国に移してくださいました」『コロサイの信徒への手紙』1：13）、年代としての時間のなかに組み込むことはできないのである（「もしあなた方がキリストともに死んでいるのなら、なぜまるで世に生きているかのように、さまざまな持論を吐くのですか」同書 2：20–21）。

6.8. ここでパウロがみずからを試さなければならなかった問題とは、ひとつの現実──王国、つまりメシア的な出来事──を、歴史記述がするようなひとつの表象やあらかじめ決定された年代学のなかに挿入することなく、その源泉において思考しようとする者がそのつど直面しなければならないのと同じ問題である。この点に関連してベンヤミンはこう書いている。ある現象を、線的歴史の言説の連続性を超えて、弁証法的あるいはモナド論的に把握しようとするとき、この現象は分極化し、その先史とポスト歴史とに従って分裂するが、このことはたんに過去と現在を意味するのではなくて、その現象が変容してきた緊張の場のなかに内在する二つの力を指し示しているのだ、と（Benjamin, pp. 587-588, p. 594）。対象がその単一性において把握されうるのは、この分極化をとおしてのみである。

とするなら、地上楽園と王国とは、神学者たちが人間本性とその至福の可能性を思考しようとする試みから生じる二つの分子であるということができるだろう。この二つの分子は、先史的な要素（エデンの園）とポスト歴史的な要素（王国）とに分割されるが、両者は引き離されたまま伝達不能で、それゆえ接近不能なままにとどまる。地上王国を原初の楽園と同一視しようとする千年至福論者にたいする頑固な論争は、まさしくそのいい例である。原初の楽園は、いかにしてももはや近づくことのできない太古へと追いやられなければならない一方で、メシアの王国は、たんに教会へと平均化され中和化されないかぎりは、未来へと投影され天へと移されることになる。

こうした二つの極への強引な分離にたいして、千年至福論者やダンテとともに想起しておく必要があるのは、楽園と王国が、現在という時間の唯一の経験の分裂から生じること、それゆえ現在という時間において両者はふたたび結びつきうる、ということである。地上における人間の幸福は、これら両極のあいだに張られている。人間本性は、恩寵によって救済の摂理のなかに登記されなければならないような、先在的で不完全な現実なのではない。そうではなくて、今ここでそのつど楽園と王国との一致のうちに、それゆえ楽園と王国とに同時に落ち込むときに現われてくるようなものである。王国だけが楽園に近づくが、楽園だけが王国を思考可能にする。あるいはこうもいえるだろう。わたしたちは、歴史的にはただ政治をつうじてのみ人間本性に接近できるが、ひるがえってこの政治の中身とは、楽園、つまりダンテの言葉では「この世の生の深い幸福」にほかならないのだ、と。

訳　註

第一章

〔1〕ヴィルヘルム・フレンガー（Wilhelm Fraenger 1890-1964）は、ドイツの美術史家、民俗学者。ヒエロニムス・ボスやマティアス・グリューネヴァルトの研究などで知られ、ドイツ民俗学に関連した著作も残している。

〔2〕自由心霊兄弟団　イタリア語では「リーベロ・スピリト」、十三世紀から十五世紀にかけて主に北ヨーロッパに存在した信仰集団で、ローマ教会から異端視された。百年戦争やペスト大流行などを背景に広まり、千年至福説や終末論などを信奉した。ネーデルランドではまた「博学の人」とも呼ばれた。

〔3〕「オイコノミア－三位一体的 economico-trinitaria」については若干の説明が必要だろう。二〇〇七年に上梓した『王国と栄光――オイコノミアと統治の神学的系譜学のために』(*Il Regno e la Gloria : Per una genealogia teologica dell'economia e del governo*, Neri Pozza, Vicenza, 2007. 高桑和巳訳、青土社、二〇一〇年）においてアガンベンは、「家政論」という意味のギリシア語「オイコノミア」が初期キリスト教の神学者たちによって、「父と子と聖霊」の三位一体の教義と結びつけられ、地上における統治の形態へと置き換えられていく過程を詳細に論じている。本文はこの議論を踏まえたものである。

〔4〕ここで名前の挙げられている三名、アクイラ、シュンマクス、テオドティオーンのいずれも、それま

での七十人訳に代わって、二世紀にヘブライ語聖書をギリシア語に翻訳したユダヤ人あるいはユダヤ教改宗者たち。

〔5〕シリアのエフレム（Ephraem Syrus 306頃-373）は、初期キリスト教時代の神学者で著作家。数々の聖書注解書や祈禱文の著者として知られ、とりわけ東方教会で高い信仰を集めてきた。

〔6〕アンブロシウス（Ambrosius 340頃-397）は、ミラノの司教にして神学者。もともとローマで法学を修めたが、ミラノで洗礼を受けて司教に叙任された。アウグスティヌスにも大きな影響を与え、カトリック教会の基礎を築いた。

第二章

〔1〕アンブロシアステル（Ambrosiaster）は偽アンブロシウスとも呼ばれる匿名のラテン語著者。アンブロシウス作とされていたパウロ書簡への注解の帰属に疑問を呈したエラスムス以来、この名で呼ばれている。ポワティエのヒラリウス（Hilarius Pictaviensis 310頃-367）に帰される見解がそこに含まれているため、アガンベンはこう述べている。本文 **2.3.** 以下を参照。

〔2〕ルフィヌス（Tyrannius Rufinus 344/345-411）は、アクイレイアのルフィヌスの名でも知られる司教、著作家。オリゲネスのさまざまな著作をラテン語に訳し、異端視されていたオリゲネスを擁護した。

〔3〕カエレスティウス（Caelestius 生没年不詳）は、四世紀の神学者。後述のペラギウスの弟子とされ、とりわけ原罪や幼児洗礼をめぐってアウグスティヌスと対立し、のちに異端とみなされた。

〔4〕ペラギウス（Pelagius 354-420/440）は、初期キリスト教時代の神学者。本文で詳しく述べられているように、とりわけ原罪や自由意志をめぐってアウグスティヌスと鋭く対立し、異端として弾劾された。

ペラギウス主義と呼ばれるその主張は、これを論駁するアウグスティヌスの著作によって伝わる。

〔5〕アンセルムス（Anselmus 1033-1109）は、カンタベリーの大司教でもあった中世の神学者、哲学者。「スコラ学の父」と呼ばれ、教会博士の称号をもつ。主著に護教論の『モノロギオン』や『プロスロギオン』などがある。

第三章

〔1〕スコトゥス・エリウゲナ（Johannes Scotus Eriugena 810頃-877頃）は、アイルランド出身の神学者、哲学者。本文で取り上げられている『自然について』（あるいは『自然区分論』）は、十三世紀に汎神論として弾劾されて以後、全五巻本として出版されたのは十六世紀末のことである。偽ディオニュシオスの『天上位階論』のラテン語訳でも知られる。

〔2〕レオ・シュトラウス（Leo Straus 1899-1972）は、ドイツ出身のユダヤ系の哲学者。ナチスの迫害を逃れてアメリカに移住して以後、シカゴ大学等で政治哲学を講じた。ホッブスやマキアヴェッリについての著作もある。

第四章

〔1〕ジョヴァンニ・パスコリ（Giovanni Pascoli 1855-1912）は、イタリアの詩人、古典学者。ダンテ研究で知られる。アガンベンにはまた、「パスコリと声の思考」という論文がある（アガンベン『イタリア的カテゴリー』岡田温司監訳、みすず書房、二〇一〇年、一一三―一三四頁）。

〔2〕「レーテー」はギリシア語で「忘却」の意味。ギリシア神話では黄泉《よみ》の国に流れる川とされる。「エウ

ノエ」は、ギリシア神話では川神サンガリウスの娘のニンフの名前で、ダンテはこれを煉獄の川の名前に転用している。『煉獄篇』第二十八歌で、レーテーには「罪業の記憶を人から消す力」が、エウノエには「あらゆる善行の記憶を新たにする力」があると歌われる。

〔3〕アヴェロエス（Averroes 1126–1198）、アラブ名イブン・ルシュドは、スペインのコルドバ生まれの哲学者。その膨大なアリストテレス注解は、西洋中世の哲学や神学に大きな影響をもたらしたが、ローマ教会からは異端視された。アガンベンは他の著書でもしばしばダンテとアヴェロエスの関係に言及しているが、これについては、巻末の拙論「異端者としてのアガンベン――訳者あとがきに代えて」を参照。

〔4〕マルコ・ロンバルド（Marco Lombardo 生没年不詳）は、十三世紀後半の北イタリアの宮廷人で著作家。ダンテは『煉獄篇』第十六歌で彼に、人間の自由意志を擁護させ、「（司牧の）杖が剣と合体した」教会を批判させている。

〔5〕カングランデ・デッラ・スカラ（Cangrande della Scala 1291–1329）は、イタリアの傭兵隊長で、ダンテの友人にして擁護者としても知られる。ダンテがカングランデに宛てた書簡は、ラテン語で全八十九章からなり、『天国篇』が着手される一三一六年とカングランデが敗北を喫した一三二〇年のあいだに書かれたとされる。主に、『天国篇』の献辞と、『神曲』へのコメントからなる。

〔6〕トゥルネーのオドン（Odon de Tournai 1060–1113）は、オルレアン生まれのベネディクト会修道士、神学者。アガンベンがここで引いているのは、彼の原罪論である。

第五章

〔1〕ペトルス・ロンバルドゥス（Petrus Lombardus 1100頃–1160）は、イタリアの神学者、聖書学者。ア

ガンベンがここで言及しているのは、教父たちの著述を注解した『命題集』で、中世における神学の教科書として広く読まれた。

〔2〕 ボナヴェントゥラ（Bonaventura 1221頃-1274）は、イタリアの神学者、フランチェスコ会総長。アガンベンがここで引いているのは、ペトルス・ロンバルドゥスの『命題集』への注解である。また、フランチェスコ会の理想とする〈生の形式〉についてアガンベンは、『いと高き貧しさ――修道院規則と生の形式』（上村忠男訳、みすず書房、二〇一四年）で詳細に論じている。

〔3〕 ヘイルズのアレクサンデル（Alexander Halensis 1170/1185-1245）は、イギリス出身の神学者、哲学者。パリ大学で神学を講じ、ペトルス・ロンバルドゥスの『命題集』を大学の教科書に採用したことで知られる。

〔4〕 トンマーゾ・デ・ヴィオ（Tommaso de Vio 1469-1534）は、イタリアのドメニコ会士。トマスの『神学大全』への浩瀚な注解を著わしたことで知られる。一五一八年に教皇庁の外交特使としてアウグスブルクのルターのもとに派遣され、教皇権と義認論をめぐって討論したが、合意にはいたらなかった。

〔5〕 トマスによると、人間の努力によって達成される獲得的な徳（virtù acquisite）と、神の恩寵によって被洗礼者の魂に授けられる注賦的な徳（virtù infusa）に分けられるとされる。

〔6〕 正式には『異端者ペラギウスあるいはカエレスティウスに反対するアウグスティヌスの覚書（*Hypognosticon Augustini Contra Pelagianos sive Caelestianos Haereticos*）』というタイトルで、アウグスティヌスに帰されてきたテクスト。自由意志を奉じるペラギウスとその弟子カエレスティウスを異端と断じる意図の下に著わされた。

第六章

〔1〕フランシスコ・スアレス（Francisco Suárez 1548–1617）は、スペインのイエズス会の神学者、哲学者、法学者。トマス・アクィナス研究によってスコラ学を集大成したことで知られる。

〔2〕『レビの遺言』は、旧約聖書外典の『十二父祖の遺言』のひとつで、同じく外典の『エチオピア語エノク書』や『第四エズラ書』などと並んで、黙示録的な内容にその特徴があるとされる。

〔3〕エイレナイオス（Irenaeus 130頃–202）は、小アジア出身の初期キリスト教時代の教父。リヨンの司祭となり、『異端反駁』などの著書で知られる。

〔4〕アルフレッド・ロワジ（Alfred Loisy 1857–1940）は、フランスのカトリック神学者。聖書の批判的、歴史学的な研究を説いたことで、カトリック教会から破門された。主著に『福音と教会』がある。

〔5〕テルトゥリアヌス（Tertullianus 160頃–220頃）は、初期キリスト教時代のラテン教父。『護教論』や『マルキオン反駁』などの著書がある。

〔6〕マルキオン（Marcion 100頃–160頃）は、小アジア出身のキリスト教徒。グノーシス主義の影響が濃いところから、教会から異端視され破門された。著作は焚書にあったため、その思想を知る手がかりとなるのは、テルトゥリアヌスの『マルキオン反駁』である。

〔7〕「コーパス・クリスティアノールム（Corpus Christianorum）」は、ベルギーの出版社 Brepols Publishers がおこなっている、初期キリスト教の教父によるギリシア語テクストおよび中世ラテン語テクストの出版事業の総称。一九四七年から進められて今日にいたっている。

〔8〕オロシウス（Orosius 生没年不詳）は、スペイン出身の四・五世紀のキリスト教の聖職者で歴史家。アウグスティヌスの弟子としても知られ、『異教徒に反駁する歴史』全七巻は、『神の国』を補う目的で

著わされた。

〔9〕フライジングのオットー（Otto von Freising 1111/1114-1158）は、ドイツの司教で歴史家。「天の国」と「地の国」をめぐる『二つの国の歴史』には、アウグスティヌスからの影響が認められている。

参考文献（邦訳のあるものについては参照したが、訳文には適宜変更を加えた）

アンブロシウス、アウグスティヌス、トマス・アクィナスのテクストは、慣例にならって、巻、章、節を示して引用している。アンブロシウス『楽園について』の版は以下を参照した。*Ambrosii Episcopi Mediolanensis Opera*, rec. Carolus Schenkl（*Tutte le opere di sant'Ambrogio*, vol. 2, 1, *Il paradiso terrestre. Caino e Abele. Noè*, a cura di Paolo Siniscalco, Roma, Città Nuova, 1984）. アウグスティヌスの反ペラギウス派の著作は以下から引用した。CSEL（*Corpus Scriptorum Ecclesiasticorum Latinorum*）, vols. 42, 44, 60.〔なお邦訳に際しては、『ペラギウス派駁論集』全四冊、『アウグスティヌス著作集』第9・10・29・30巻（金子晴勇・小池三郎ほか訳、教文館、一九七九―二〇〇二年）を適宜参照した〕。エリウゲナの『自然区分論』は以下の版による。*De divisione naturae*, a cura di Nicola Gorlani : Giovanni Scoto Eriugena, *Della divisione della natura*, Milano, Bompiani, 2013. ここには、エドゥアール・ジャノー監修による以下のテクストが再録されている。*Corpus Christianorum. Continuatio Mediaevalis*, vols. 161-165.〔部分訳として以下のものがある。エリウゲナ『ペリフュセオン（自然について）』今義博訳、『中世思想原典集成6 カロリング・ルネサンス』上智大学中世思想研究所編訳、平凡社、一九九二年、四七四―六三一頁〕。

Ambrosiaster : *Ambrosiastri qui dicitur Commentarius in Epistulas Paulinas*, vol. 1, *In Epistulam ad Romanos*, a cura di Heinrich Joseph Vogels, Vindobonae, Hölder-Pichler-Tempsky, 1966（CSEL, 81/1）.

Anselmo : *De conceptu virginali et de originali peccato*, in *L'Œuvre de Anselme de Canterbury, vol. 4, La conception virginale et le péché originel. La procession du Saint Esprit. Lettres sur les sacrements de l'Église. Du pouvoir et de l'impuissance*, a cura di Michel Corbin, Paris, Cerf, 1990.〔アンセルムス『処女懐胎と原罪について』古田暁訳、『アンセル

ムス全集』（全一巻）、聖文舎、一九八〇年、五六七―六一八頁〕。

Benjamin : Walter Benjamin, *Das Passagen-Werk*, in Id., *Gesammelte Schriften*, vol. V, 1, Frankfurt am Main, Suhrkamp, 1982.〔ベンヤミン『パサージュ論』全五巻、今村仁司・三島憲一ほか訳、岩波現代文庫、二〇〇三年〕。

Braga : Corin Braga, *Le paradis interdit au Moyen-Âge*, Paris, L'Harmattan, 2004.

Bremmer : Jan N. Bremmer, *Greek Religion and Culture. The Bible and the Ancient Near East*, Brill, Leiden-Boston, 2008.

Fitzmyer : Joseph A. Fitzmyer, «The Consecutive Meaning of ΕΦ'Ω in Romans 5. 12», in *New Testament Studies*, 39, 1993, pp. 321-339.

Fraenger : Wilhelm Fraenger, *Hieronymus Bosch. Das tausendjährigen Reich*, Coburg, Winckler, 1947 (trad. it. *Il regno millenario di Hieronymus Bosch*, Parma, Guanda, 1980).

Girolamo : *Hebraicae quaestiones in libro Geneseos*, in *S. Hieronymi presbyteri Opera*, pt. 1, *Opera exegetica*, vol. 1, *Hebraicae quaestiones in libro Geneseos. Liber interpretationis Hebraicorum nominum. Commentarioli in Psalmos. Commentarius in Ecclesiasten*, a cura di Paul de Lagarde, Germain Morin, Marc Adriaen, Turnholti, Brepols, 1959 (*Corpus Christianorum. Series Latina*, 72).

Hammond Bammel : Caroline P. Hammond Bammel, *Der Römerbrieftext des Rufin und seine Origenes-Übersetzung*, Freiburg, Herder, 1985.

Ireneo : Irénée de Lyon, *Contre les hérésies*, vol. 5. 2, Paris, Cerf, 1969 (*Sources chrétiennes*, 153).

Nigg : Walter Nigg, *Das ewige Reich. Geschichte einer Sehnsucht und einer Enttäuschung*, Zürich, Rentsch, 1944, (trad. it. *Il Regno eterno*, Milano, Istituto Editoriale Italiano, 1947).

Odo : Odo of Tournai, *On Original Sin ; and, A Disputation with the Jew, Leo, Concerning the Advent of Christ, the Son of*

God. Two Theological Treatises, a cura di Irven M. Resnick, Philadelphia, University of Pennsylvania Press, 1984.
ORIGENE : Origenes, *Commentarii in Epistulam ad Romanos. Romerbrief-Kommentar*, a cura di Theresia Heither, vol. 2, *Liber tertius, Liber quartus* ; vol. 3, *Liber quintus, Liber sextus*, Freiburg, Herder, 1992–1993.
PASCOLI : Giovanni Pascoli, *Poesie e prose scelte*, a cura di Cesare Garboli, Milano, A. Mondadori, 2002.
SCHREINER : Thomas R. Schreiner, «Original Sin and Original Death», in Hans Madueme, Michael Reeves（a cura di）, *Adam, the Fall, and Original Sin. Theological, Biblical, and Scientific Perspectives*, Grand Rapids, Baker Academy, 2014.
SINGLETON : Charles S. Singleton, *Journey to Beatrice*, Cambridge, Harvard University Press, 1958（trad. it. *Viaggio a Beatrice*, Bologna, Il mulino, 1968）.
TEODORETO : Teodoreto di Cirro, *Commentario alla Lettera ai Romani*, a cura di Francesca Cocchini e Lella Scarampi, Roma, Borla, 1998.
TORRELL : Jean-Pierre Torrell, *Nouvelles recherches thomasiennes*, Paris, Vrin, 2008.

以上は著者アガンベンによる参考文献のリストである。そのリストに含まれていないが、本文中で言及され、翻訳を参照したものについて以下に挙げておきたい（ただし上記のものと同じく訳文は文脈に応じて適宜変更している）。


アウグスティヌス『神の国』第三巻、服部英次郎訳、岩波文庫、一九八三年。

同『創世記注解』(1)(2)、片柳栄一訳、『アウグスティヌス著作集』第16・17巻、教文館、一九九四―一九九九年。

同『創世記逐語的注解』清水正照訳、九州大学出版会、一九九五年。

クセノポン『キュロスの教育』松本仁助訳、京都大学学術出版会、二〇〇四年。

同『オイコノミクス――家政について』越前谷悦子訳、リーベル出版、二〇一〇年。

ダンテ『神曲』全三巻、山川丙三郎訳、岩波文庫、一九五二―一九五八年／平川祐弘訳、河出文庫、二〇〇八―二〇〇九年／原基晶訳、講談社学術文庫、二〇一四年。

同『新生』山川丙三郎訳、岩波文庫、一九四八年。

同『帝政論』小林公訳、中公文庫、二〇一八年。

同『ダンテ全集第5・6巻 饗宴』上・下巻、中山昌樹訳、新生堂、一九二五年。

同『ダンテ全集第8巻 帝政論・書翰集』中山昌樹訳、新生堂、一九二五年。

トマス・アクィナス『神学大全』第一冊、高田三郎訳、創文社、一九六〇年。

同『神学大全』第七冊、高田三郎訳、創文社、一九六五年。

同『神学大全』第四一冊、稲垣良典訳、創文社、二〇〇二年。

『七十人訳ギリシア語聖書 モーセ五書』秦剛平訳、講談社学術文庫、二〇一七年。

『七十人訳ギリシア語聖書 エゼキエル書』秦剛平訳、青土社、二〇一七年。

『エチオピア語エノク書』村岡崇光訳、『聖書外典偽典4 旧約偽典Ⅱ』、教文館、一九七五年、一五九―一九二頁。

『第四エズラ書』新見宏訳、関根正雄編『旧約聖書外典』下、講談社文芸文庫、一九九九年、一二三―二〇三頁。

異端者としてのアガンベン――訳者あとがきに代えて

本書は、Giorgio Agamben, *Il Regno e il Giardino*, Neri Pozza Editore, Vicenza 2019 の全訳である。ページを少しめくっていただければお気づきのように、ヒエロニムス・ボスの《悦楽の園》にはじまり、「原罪」をいわばでっち上げるアウグスティヌスへの痛烈な批判と、スコトゥス・エリウゲナによる巧みなアウグスティヌスの転倒、そして反スコラ主義者としてのダンテ解釈で頂点に達する本書は、いってみれば異端の書である。ペラギウス派やドナトゥス派、さらにマルキオンといった歴代の異端者たちの名前が随所に登場し、結末あたりで、ローマ教会から破門されたフランスの神学者アルフレッド・ロワジが呼びだされる。時が時なら、おそらく発禁や焚書を免れなかったことであろう。まもなく八十寿を迎えようとする哲学の大御所が、しかも並外れて神学にも精通していると評判のイタリア人学者が、なぜここにきてこれほどまでオープンに異端的な身振りをとったのだろうか。

異端の告白

さかのぼること半世紀以上も前の一九六四年、ピエル・パオロ・パゾリーニが『マタイによる福音書』に基づいて脚色し監督した映画『奇跡の丘』のなかで、まだ二十歳そこそこの少壮の哲学者が、十二使徒のひとりフィリポを演じたことは、いまや知る人ぞ知るエピソードになっている。このときのことをアガンベンは、二〇一七年に上梓した自伝的エッセー『書斎の自画像』（拙訳、月曜社、二〇一九年）のなかで次のように振り返っている。「他でもなくフィリポの役だったというのは、今では偶然と思われない。というのも、その名のもとで、グノーシス主義的な福音書が伝わってきたからである。当時からわたしはそれを熱中して読んでいた」（二〇六頁）。グノーシス主義とはもちろん、初期キリスト教時代に異端の烙印を押された宗教思想で、その外典『フィリポによる福音書』は、ナグ・ハマディ写本のひとつとして一九四五年に再発見されたばかりであった。それを愛読していたというアガンベンは、ここでさりげなく、みずからの哲学の異端的な身振りについて告白しているように思われる。

同じ『書斎の自画像』にはまた、一九六〇年代半ばのローマにおける、作家エルサ・モランテや亡命のスペイン詩人ホセ・ベルガミンらとの交友が語られるが、著者は彼らから、「神は聖職者たちの独占物ではないこと、救済としての神は教会の外 extra Ecclesiam に求められうる」（七八―八〇頁）ということを教えられた、とも語っている。つまり、アガンベンにおける哲学的神学は、その出発から、カトリシズムや教会という制度の枠組みの外に位置づけられる、ということだ。あるいはことによると、彼お好みの用語法に借りて、カトリシズムの「外にして内」もしくは「内にして外」、つまり「包摂的排除」の「例外状態」に身を置いてきた、というほうが正確かもしれない。

そもそも「瀆神」——神的なものに寄り添いつつ、神的なものを自由に使用することで、まったく新しい概念図を描きだす——の身振りは、この哲学者の専売特許でもある。しばしば彼が、タルムードやカバラーに好んで言及するのも、おそらくこれと無関係ではない。アガンベンのこの立ち位置は、それゆえ、一般に神学的テーマを論じる哲学者に関してよく言われる「キリスト教起源の無神論」——一例を挙げるならジャン＝リュック・ナンシーのような立場——ともやや趣を異にするように思われる。

「原罪」への抵抗

さて、その自伝的エッセーでの異端告白に勢いを得たからであろうか、つづく二〇一九年に発表された本書『王国と楽園』では、まるでわだかまりが解けたかのように、それまでのアガンベンのどの著作にもまして、反教会的で反教権主義的な立場が鮮明になっているように、わたしには思われる。このことがよくあらわれているのは、何よりも、カトリックとプロテスタントいずれにとっても信仰の根幹にかかわる「原罪」の教義が徹底的に検証され批判されていく論調である。「原罪」、さらに「恩寵」と「自由意志」をめぐって、わたしたちの哲学者は、正統とされてきたアウグスティヌス、アンセルムス、トマス・アクィナスらに代わって、異端視されてきたオリゲネス、ペラギウス派やドナトゥス派（それらの主張はアウグスティヌスの著作を通して間接的に知られるのみ）、さらにはスコトゥス・エリウゲナらのテクストを積極的に読み替えていくのである。

アガンベンによれば、アウグスティヌスの解釈の「偏向」は、ひとえにパウロによる『ローマの信徒への手紙』の有名な一節（5: 12）――「ひとりの人によって罪が世に入り、罪によって死が入ったように、死はすべての人に及び、それによってすべての人は罪を犯したのです」――の巧妙な読みに基づいている。「それによって（in quo）」というのがいったい何を受けているのか。「それ（quo）」が男性形であるため、直前の「死」を受けると考えるのが妥当で、オリゲネスなどはそう読んでいたのだが、アウグスティヌスはそのことを重々承知のうえで、いわば強引に「ひとりの人」アダムに結びつけ、人間本性そのものを罪のうちに巻き込み、しかもそれを――「すべての人間ひとかたまり（una massa omnium）」で――子々孫々、未来永劫にまで感染させる。ここにおいて必須となるのが、教会がその秘跡を通じて授ける神の恩寵である（ちなみに、「かたまり」の意から転じて「群衆」や「大衆」を意味するようになる「マッサ」をめぐる系譜学もきわめて示唆に富んでいる）。

つまり、わたしたちの哲学者が告発するのは、「アウグスティヌスにおいて、神学的動機は教会の動機と一致している」（四四頁）、という事態なのだ。さらにアガンベンにとって「原罪」が認めがたいのは、そこにおいていわば生それ自体が罪とみなされているからである。「原罪」を否定する異端ペラギウス派の根拠は、アウグスティヌスの著作から間接的に伝わるのみだが、「実のところかなりいい勝負をしている」（四二頁）と著者は評する。なぜなら、人間本性には罪を犯さないでいる可能性が常に残されているからである。

アウグスティヌスの権威を巧みに逆手にとりながら、結果的に「原罪」を論破することになるのが、エリウゲナである。本書の精緻な議論をあえてかいつまんで述べるなら、古代哲学にも通じたこの神学者にとって、人間が神に似せて楽園で創られた以上、たった一回のアダムの罪によって人間の自然本性が堕落したり伝染したりすることはありえない、ということである。この信念を支えているのは、アガンベンによれば、プラトンに依りつつエリウゲナが打ち立てた、あらゆる生きものに共通の「単一の生」という大前提である。つまり、人間も動物も植物も優劣なく**ひとつの**生を共有している、というのだ（アガンベンはあえて言及を控えているが、エコロジー的発想の原点はまさにここにある）。

それだけではない。（正統的なアウグスティヌスやトマスのように）天上楽園ではなくて、地上楽園エデンのうちに神学的・政治的パラダイムのあるべきかたちを求める詩聖ダンテもまた、ペラギウス派からエリウゲナへと受け継がれる異端的系譜のなかで解釈されていく。

実はアガンベンは、すでに以前にも「原罪」に批判的に言及したことがある。二〇〇九年の

『裸性』（岡田温司・栗原俊秀訳、平凡社、二〇一二年）がそれである。たとえば、原罪の前と後で、アダムとイヴの裸の身体は基本的に変わるものではないにもかかわらず、神の恩寵という目に見えない衣に包まれた栄光の裸と、罪を犯して堕落した本性としての忌むべき裸という線引きがなされてきた。それゆえアガンベンによれば、恩寵の衣をまとった裸は、裸を堕落したものとして措定するために要請されてきた神学的装置にほかならない、というのである。

さらにこの著書で原罪は、カフカにならって、一種の自己誣告のようなものとみなされている。ありもしない自分の罪を自分で言い立てるというのが自己誣告だが、ひるがえってそれは、外部の権力として自分に跳ね返ってくる。これと同様に、原罪は人類が自分にたいして引き起こして取り下げてこなかった告訴であり、それゆえ「罪は告訴の原因ではなくて、告訴と一体化している」（四二頁）。この『裸性』の延長線上に『王国と楽園』を置いて読むこともできるだろう。

思考のモデルとしての異端者アヴェロエス

このように異端的な身振りが格段に際立つ本書ではあるが、その傾向は、美学と政治と神学、存在論と倫理学にまたがるこれまでの広範な仕事においてしばしば表面化していたものである。ここで簡単にその経緯をたどっておくとしても、無駄にはならないだろう。

たとえば、異端の学祖とされてきたアヴェロエスは、アガンベンにとって、早くも一九七七年の『スタンツェ――西洋文化における言葉とイメージ』（拙訳、ありな書房、一九九八年／ちくま学芸文庫、二〇〇八年）以来、美学と政治の両面において、重要な参照点でありつづけてきた。それは、なによりこのアラブのアリストテレス学者が、トマスによって厳しく批判された「単一で離在する可能知性」の擁護者だったからである。不滅で永遠のこの可能知性が想像力を媒介にして個々の人間と結びついているという考え方は、そもそも知性が個人にそなわっているとみなす今日のわたしたちには奇異に聞こえるかもしれないが、たしかに「中世の思想におけるもっとも深い表現のうちに数えられる」（ちくま学芸文庫版、一七八頁）と、若い哲学者は書くことができた。

つづく一九九三年の論文「〈生の哲学〉」では、すべての人間に共通するこの可能知性が、ダンテの『帝政論』において、多数者《マルチチユード》にそなわる思考の潜勢力として解釈されているという点にわたしたちの注意を喚起する。ダンテによって社会的な——あるいは共同の——潜勢力として読み替えられた可能知性を、アガンベンはさらに、マルクスが『経済学批判要綱』で提唱した「一般知性」にも連接させていく（『人権の彼方に——政治哲学ノート』高桑和巳訳、以文社、二〇〇〇年、二一頁）。アヴェロエス（主義）の可能知性、ダンテのマルチチュード、マルクスの「一般知性」はこうして、共同の〈生の形式〉を思考するこの時期のアガンベンにとって重要な導きの糸となるのだ。

ところが、二〇〇四年の論考「人間の働き」になると、この三つ巴からマルクスの名前が消えている。その理由はとくに明示されるわけではないが、アガンベンがここで、新たにアリストテレスから出発して「人間の無為に対応する政治」を思考しようとする以上、「労働や生産を強調することは避けて」いるのだろう。おそらくそこには、古くからの友人アントニオ・ネグリから一定の距離をとるという意識も働いていたと思われる。そのうえで思い描かれるダンテ的なマルチチュード、つまり個人を超えた思考の共同性とは、「あらゆる働きにおいて自体的な無為・潜勢力を露呈することのできる働きの形象である」(『思考の潜勢力』高桑和巳訳、月曜社、二〇〇九年、四五九頁)、とされる。

さらに、二十年にわたる「ホモ・サケル」計画の最後を締めくくる二〇一四年の『身体の使用』(上村忠男訳、みすず書房、二〇一六年)でも、ダンテとアヴェロエスといういまやなじみ深い取り合わせが登場してくるが、周到にもここでは、以下のような但し書きがつけられる。可能知性によって結びつくマルチチュードの潜勢力は、「今日あまりにもしばしば口にされているネットの政治的機能」と混同されてはならない、と。なぜなら、そこで自由に使うことができるのは「あらかじめ構成された社会的な知」にすぎないという点で、「ネット」は潜勢力(可能態)の経験を欠いているからである(三五五頁)。これには異論があるかもしれないが、いずれにしてもここであえてアガンベンが「ネット」に言及したのはおそらく、政治的マルチチュードの形成にソーシャルメディアの果たす役割を積極的にとらえるネグリのことが念頭にあったからだろう。たしかに、一方でこのメディアが画一性と扇動性に走りやすいことは、近年の多くの事例が証明しているところでもある。

いずれにしても、本書『王国と楽園』でも強調されていたように、アガンベンにとって、トマスによって拒絶されたアヴェロエスの非人称的な可能知性は、個人と集団をつなぐ思考の潜勢力の別名でありつづけてきた。

修道会と教会

さらに、その共同の〈生の形式〉の可能性を中世のフランチェスコ修道会のうちに探りだそうとするのが、二〇一一年の『いと高き貧しさ――修道院規則と生の形式』（上村忠男・太田綾子訳、みすず書房、二〇一四年）である。修道会への関心もすでに『スタンツェ』に萌芽していて、ここでは修道士たちを不意に襲う「白昼のダイモン」、つまり「怠惰《アケディア》」が、「喪とメランコリー」をめぐるフロイトの議論に接続されている。「怠惰」はローマ教会によって、七つの大罪の一つに数えられていたものなのだが、若き哲学者はそれを逆に積極的に評価しようとしたのだ。一見アナクロニックなこうした身振りもまた、アガンベン特有のもので、過去の救済のうちにアクチュアリティを見いだそうとしたベンヤミンの教訓が生かされている。

さて、『いと高き貧しさ』で再びフランチェスコ会が召喚されてきたとするなら、それはまずもって、この修道会が掲げた共同の生を導く規則にして理想でもある所有の放棄と「貧しき使用（usus pauper）」が、ローマ教会によってあえなくも打ち砕かれたからにほかならない。「ひとつの〈生の形式〉が、その実現に辛抱強く近づきながら、それでいて頑として果たされなかった」

（二一頁）。というのも、所有なき使用はありえないことが、時の教皇ヨハネス二十二世によって発令された一三二二年の回勅にはっきりと謳われたからである。しかもアガンベンによれば、この教皇は、「使用と消費をきっぱりと対置させることで、何世紀も後になって消費社会において実現されることになる、使用することの不可能性のパラダイムを無意識のうちに予言して提供している」（一七四頁）、とされる。消費社会の遠い起源は、所有にたいして使用を徹底的に格下げしたこのときにあった、というのだ。こんなところにもまた、隠れた過去のうちにアクチュアリティを探り当てるアガンベンの真骨頂が垣間見られる。

一方、とりわけここで哲学者の共感を誘っているのは、やはり異端の嫌疑をかけられたり教会から破門されたりした中世の二人の修道士、ペトルス・ヨハニス・オリヴィとウィリアム・オッカムである。オリヴィにおいて「所有権はあらゆる本質性を失っており」（一八四頁）、オッカムにおいては、あらゆる所有や私有は拒絶されるが、究極の必要時における使用の自然法的権利はあくまでも保持される（一五二―一五三頁）。十三世紀にローマ教会によってきっぱり否定された所有なき使用の可能性は、アガンベンにとってご破算にされてはならないものなのだ。

この『いと高き貧しさ』とちょうど対をなすようにして翌二〇一二年に上梓されたのが、『オプス・デイ――任務の考古学』（杉山博昭訳、以文社、二〇二〇年）で、ここで反面教師として大きな役割を演じているのは、アウグスティヌスを筆頭とする初期教父たちである。一方で、（フランチェスコ会士に顕著なように）修道士たちが会則を義務や強制としてではなく、生そのものの形式――もしくは存在様態――として引き受けようとしたとするなら、それとは対照的に教会は、とりわけアンブロシウスやアウグスティヌス以来、秘跡や典礼の制度を練り上げることで、もっぱらそれらの任務や実効性、効果や有為性のほうに重きを置いてきた。やや単純化していうなら、このキリスト教的な有為性の存在論が、さらにトマスらのスコラ学を経由して、カントの道徳律ないし「命令の存在論」――カントにおける法とは神の別名である――へとつながっていく、というのが『オプス・デイ』の大きな見取り図である。

とはいえ、秘跡の有効性をめぐる議論は、二〇〇八年の『事物のしるし――方法について』（岡田温司・岡本源太訳、筑摩書房、二〇一一年／ちくま学芸文庫、二〇一九年）にすでに登場していたものでもある。ここでは、たとえ信仰を離れた者や異端者によって洗礼が施された場合でもその有効性は担保されるというアウグスティヌスにたいして、これに異議を唱えた――つまりその有効性を否定する――ドナトゥス派の説が紹介されているが、皮肉なことにも、そのドナトゥス派のほうが異端として断罪されることになったのだ。アガンベンは、アウグスティヌスの立場をいみじくも以下のようにコメントしている。「このように極端なテーゼを主張する理由が、教会的な性格を帯びたものであり、あらゆる個人的な適性や不適性を超えてキリスト者と司祭の身分を保障しようという意志のうちに探られるべきというのは、ありうることだろう」（ちくま学芸文庫版、七五頁、傍点は引用者）。

つまるところ、パウロの時代の信仰《ピスティス》から、その後に出現する秘跡《サクラメント》の信仰のかたちへの移行は、アガンベンにとって教会の凋落とみなされているのである。あるいは、信仰から信条のドグマや教理問答《カテキズム》の諸項目へと還元されていく神学の歴史にたいして、イタリアの哲学者は徹底抗戦している、ということもできるだろう。

アウグスティヌスとの対決

異端者あるいは異端派にとって最大の対抗馬が、昔も今もアウグスティヌスであることは言を俟たないであろう。繰り返しになるが、本書『王国と楽園』や『オプス・デイ』は、この正統派の最高権威に果敢に挑戦状を突きつけるものである。この文脈においてぜひとも触れておかなければならない近著がもうひとつある。二〇一七年の『カルマ――行為と罪と身振りについての小論』（*Karman. Breve trattato sull'azione, la colpa e il gesto*, Bollati Boringhieri, Torino 2017）である。『オプス・デイ』で典礼の実効性が、『王国と楽園』で原罪が土俵に上げられたとするなら、思いがけなくも仏教用語をタイトルに冠した『カルマ』で再考されるのは、「意志」という概念である（pp. 79-91）。この展開は、いわゆる「自由意志」が原罪のテーマと密接に結びついてきたことにかんがみるなら、ある意味では必然と言えるかもしれない。以下でその論旨の概略を紹介しておこう。

アガンベンはここで、初期キリスト教の時代に教父たちによってラテン語で liberum arbitrium（自由意志）と訳されたギリシア語の原語が autexousion や ta eph'hemin であることに、まずわたしたちの注意を喚起する。前者は本来「自己にたいしてもつ力」、後者は「わたしたち自身に依拠する事柄」を意味する。これにたいして、そのラテン語訳にあたるarbiterはむしろ司法の用語で、「裁定権をもつ者」や「係争中の審判」を意味する。この語「アルビテル」は、すでにテルトゥリアヌスやヒエロニムスらの教父たちによって、悪の起源や罪の責任における意志の支配に関連して使われていた。

こうして、ギリシア語からラテン語への翻訳の段階で、もともと「できる／できない」という潜勢力（可能性）にかかわる用語が、「欲する／欲しない」という意志の用語へと置き換えられる。潜勢力にかかわる語が、そのニュアンスを変えて、意志のほうに移ってきた、というわけである。その著『自由意志』などを読み解きながらアガンベンは、アウグスティヌスにおいて、欲するか欲しないかは、ほとんど命令か法のようなものとなる、と診断する。古代人が潜勢力の人間であり、近代人が意志の人間であるとするなら、そのあいだにキリスト教神学が横たわっているのだ。

ここで示唆しておきたい仮説とは、古代世界から近代への移行は、潜勢力から意志への移行、様態動詞の「できる（posso）」から「欲する（voglio）」（さらに後には「すべき［devo］」）への移行と一致するということである。古代の人間は、「～できる」人間、つまり潜勢力の次元で思考と行為を編みだす人間であるが、キリスト教の人間は、欲する存在なのだ（p. 82）。

アリストテレス的な潜勢力ないし可能性の位置が、意志によって置き換えられた近代の哲学の転換点には、まさしくキリスト教神学——わけてもアウグスティヌス——がある、とアガンベンは分析するのである。たとえアダムの罪の後であっても、人間本性は恩寵の介在なくとも罪を犯さないでいることができるという可能性を、アウグスティヌスが断固として退けたのは、その意味で象徴的である。これにたいして、異端を宣告されるペラギウスが擁護したのは、たとえ恩寵なくとも罪を犯さないでいることのできる可能性であった。

アガンベンはさらに、アウグスティヌスの『告白』第八巻八章における「内心の争闘」に着目する。そして、ここに登場する「能力と意志とは同一であって、欲することがすでになすことであった」（服部英次郎訳）という文言にも象徴されるように、この回心者において、能力が意志のほうに吸い寄せられていくさまを読み取る。「内心の争闘」とはつまるところ、「できる／できない」ではなくて、「欲する／欲しない」という意志の分裂なのであり、この意志はまた命令（意志の命じるところ）にも転じうる。

一方、一世紀の使徒パウロもすでに、『ローマの信徒への手紙』（7: 18-19）で次のように告白していた（それはアウグスティヌスの「内心の争闘」のモデルになったものでもある）。「わたしは自分の望む善はおこなわず、望まない悪をおこなっている」。ここにあるのは「できる」と「欲する」の葛藤であり、アリストテレス的なものからアウグスティヌス的なものへの過渡的段階を示している、とアガンベンは解釈する。「望む」と訳されるギリシア語の原語は thelo であるが、これは、意志や決定よりもむしろ、「〜の準備ができている」という意味である。つまり、パウロにおいてはなお潜勢力と現勢力の葛藤がその影をとどめているのである。そして次のように結論される。

ギリシア人たち——そしてある意味ではパウロもまた——が能力のなかにおける分裂、あるいは、行為と能力との分離とみなしていたものは、いまやもっぱら〔アウグスティヌスにあって〕意志と命令の観点から考えられている。キリスト教的主体が分裂しているといわれるとき、このような分離の性格と様態を特定しておかなければならない（p. 91）。

潜勢力の次元——しかも、「しないでおくことができる」という潜勢力の否定性——において思考を積み重ねてきたアガンベンにおいて、もちろん、意志と命令の神学・哲学は、原罪とともに、乗り越えられるべき大きな壁なのだ。

使徒パウロへの回帰

アウグスティヌスとはある意味で対照的に、アガンベンにとって常に積極的な参照項でありつづけてきたのが、使徒パウロである。とはいえ、キリスト教の実質的な創始者とされるこの使徒をめぐって、イタリアの哲学者のアプローチは、お世辞にも正統的とは言えないものである。この問題についてわたしは、これまでにも何度か言及したことがある（『アガンベン読解』、『イタリアン・セオリー』）。ここでは、紙幅の都合上、パウロの遺した謎めいた形象「カテコーン」をめぐるアガンベンの一種独特の解釈に話を限定しておこう。

「引き留めているもの」とか「抑えているもの」と訳される「カテコーン」は、『テサロニケの信徒への手紙二』（2: 3-8）に登場する黙示録的な存在で、終末へといたる過程、あるいは終末までに踏まなければならない段階のひとつにかかわっている。この段階は四つあって、それぞれ四つの形象ないしキャラクターの名前で象徴される。パウロによると、終末の四段階は以下のようにイメージされている。まず、①「不法（アノミア）の秘密」はすでに働いているが、②目下のところこれを「抑えているもの（カテコーン）」がある。ただし、③この「抑えているもの」が取り除かれると、「不法のもの（アノモス）」が現われてきて人々を惑わし欺くことになるのだが、④これを最終的に滅ぼすのが、再臨する主イエス・キリストである。

「アノモス」は伝統的に、『ヨハネの手紙一』（2: 18）で「反キリスト」と呼ばれているものに対応するとされてきた（ただしパウロに帰される各手紙にはこの語の用例はない）。かたや「カテコーン」は、当該箇所にだけ登場するもので、いったいこれが何であるのか、古くから議論の的になってきたという経緯がある。なぜ謎めいているかというと、この形象は、目下「不法」を抑えてはいるのだが、それが取り除かれないかぎり反キリストとこれを滅ぼすキリストも現われてはこないという意味で、同時に、メシアの到来と終末を遅らせている両義的な存在でもあるからである。

早くはアウグスティヌスが『神の国』（第二十巻十九章）において、「パウロがどのような意味のことをいったのかよくわからないということを認めよう」と正直に断ったうえで、「ほかならぬローマ帝国に関連するものと想定されるのは不適切ではない」（服部英次郎訳）、とやや遠回しに結論づけることになる。アウグスティヌスがこう語った時点ではすでに、キリスト教はローマ帝国の国教となっていたから、「カテコーン」はキリスト教的な皇帝権に対応するものとみなされていると考えられる（とはいえパウロの生きた一世紀では、ローマ帝国はキリスト教を迫害する側だったから、アウグスティヌスの解釈は一種のアナクロニズムである）。

一方、この形象を現代によみがえらせたのはカール・シュミットであるが、「反キリストを抑止するものとしてのキリスト教帝国」などという言い回しからもうかがえるように（『大地のノモス』新田邦夫訳、慈学社出版、二〇〇七年、三八―四〇頁）、この政治哲学者にとっても「カテコーン」は、基本的にアウグスティヌス的な解釈から大きく外れるものではない。いずれにしてこの形象は、神学と政治のまさしく閾にその位置を占めてきたのである。

こうした解釈の趨勢にたいしてアガンベンは、その神学的転回を画するともいえる二〇〇〇年のパウロ論『残りの時』（上村忠男訳、岩波書店、二〇〇五年）において、まさしくそれをひっくり返すような斬新にして大胆な解釈を打ち出すことになる。どういうことか。以下、その「アノミアの秘密」と題された節（一七五―一八一頁）を中心にたどっておこう。

アガンベンによれば「カテコーン」は、キリスト教的な国家権力を基礎づけ正当化するものではありえない。それどころか、パウロの問題の一節は「カテコーンについての肯定的な評価をいっさい含んではいない」。なぜなら、パウロにとって、「カテコーン」によって抑止されている当のもの、つまり「律法の不在」を意味する「アノミアの秘密」は開示されねばならず、さらに、「律法の外にあるもの」を意味する「アノモス」も出現してこなければならないからである。すなわちパウロにおいて、「律法《ノモス》が働かなくされ、不活性になる状態《カタルゲイン》」は、むしろ歓迎されるべきものである。事実パウロはみずからを、「律法に支配されない者」（『コリントの信徒への手紙一』9: 20）と呼んでいる。その出現を抑えている「カテコーン」はそれゆえ、国家権力であれ教会権力であれ、「肯定的な評価をいっさい含んではいない」ことになるのだ。

　では、最後の段階、つまりその「アノモス」を最終的にメシアが「滅ぼしてしまう」とはどういうことなのだろうか。パウロの原文ではここで「カタルゲオー」という動詞が使われていて、アガンベンによれば、この動詞は新約聖書に二十七回登場するが、驚くべきことにそのうちの二十六回がパウロの手紙においてであり、しかもそれらはいずれも、メシア的なものと律法との関係を表現している、という。近代訳では「無に帰す、破壊する、滅ぼす」と訳されることが多いこの動詞は、もともとは安息日の休息を意味する「アルゲオー」や、「働いていない、不活性の」という意味の形容詞「アルゴス」に関連するもので、したがってむしろ「働かなくする、不活性にする、効果をとめる」という意味に解されるべきである。つまり、最後に出現するメシアは、法の外にある「アノモス」をもまた「不活性にする」。言い換えるなら、法の内／外という分割そのものを「働かなくさせる」のだ。

それゆえパウロによるメシアとは、「もはや〔法の〕内も外もわからなくなる、そのような例外状態の条件を深化させる」者のことであり、「信仰の法《ノモス・ピステオース》」とパウロが呼ぶものの真義もそこにある（一七二頁）。つまり、法の暴力とも無法状態とも無関係でありうること、ノモス（合法）／アノモス（非法）という線引きをも無効にすること、要するに、法そのものを無為なものとすること、それこそがパウロのメシア的使命《クレーシス》なのである。アガンベンはまた別のところで、これを、「法のもうひとつの使い方」とか「法と戯れる」とかとも言い換えている（『例外状態』上村忠男・中村勝己訳、未來社、二〇〇七年、一二八頁）。

近著『悪の神秘――ベネディクトゥス十六世と時間の終焉』（*Il mistero del male. Benedetto XVI e la fine dei tempi*, Laterza, Bari 2013）において、もういちど「カテコーン」の問題に立ち返るアガンベンは、以下のように述べて、年来の主張を補強している。

> カテコーンは、メシア的時間を決定しているアノミアに対立し、このアノミアを隠蔽している力――法的に構成されたあらゆる権威と同じく、帝国であれ、また教会であれ――のことである。こうすることでこの力は、「アノミアの神秘」の啓示を遅らせているのだ。この神

秘のヴェールが剝がされるとき、同時に、法の無為が明らかにされ、メシア的時間における
あらゆる権力の根本的な違法性があきらかにされる（p. 35）。

この本『悪の神秘』は、みずからすすんで退位することを選択した先の教皇ベネディクトゥス十六世（在位二〇〇五―二〇一三年）が、一九五六年、若き神学生ヨーゼフ・ラッツィンガーの時代にドイツ語で発表した論文、「『諸規則の書』におけるティコニウスの教会の概念についての考察」への言及から幕を開ける。アガンベンによれば、先の教皇は若かりし頃、ペラギウス派と並ぶ初期キリスト教時代の異端、ドナトゥス派のティコニウスによる「二つに分裂した本体（corpus bipartitum）」としての教会という問題を真剣に受け止めていたというのだ。つまり、善と悪、キリストと反キリスト、エルサレムとバビロンの両方を抱え込んでいるのが教会だというのである。このことは「カテコーン」の力によって隠蔽されてはならない。

そして『悪の神秘』は、パウロのいう「不法の秘密」とは教会の腐敗のことであるとみなしたイヴァン・イリイチ（一九二六―二〇〇二年）への言及で幕を閉じる。司祭の職をみずから放棄し教会活動から離脱したこの哲学者の名前は、日本でもその鋭い社会批評で知られるが、この本にかぎらず、とりわけ最近のアガンベンの口からよく聞かれる。それだけでなく、イタリアで二〇二〇年にはじまったばかりの、イリイチの全著作集の刊行（ネーリ・ポッツァ社）にあたって、その第一巻目に序文を寄せてもいる。

ここまで見てきたように、アガンベンがあえて異端的な身振りをとってきたとするなら、それはおそらく、イリイチがまたそうであったように、教会の外にありながらも教会をきっぱりと切り捨てることができないからであり、教会の未来を気遣わないではいられないからであろう。ヘルダーリンの名高い箴言によれば、「危機のあるところ、救うものもまた育つ」のである。

*

本書の翻訳について最後に一言。共訳者である多賀健太郎とは、同じ平凡社でいまは亡き名編集者、松井純のもとで訳出したアガンベンの『開かれ』以来の仕事となる（年寄りの煙たい回顧談を許していただけるなら、『開かれ』と同じくアガンベンの『中味のない人間』〔人文書院〕と『裸性』〔平凡社〕、そして拙著の『アガンベン読解』〔平凡社〕もまた、松井純との忘れられない仕事である）。本書では、多賀が第三章と第四章と第五章を、岡田が第一章と第二章と第六章をそれぞれ担当し、改めて訳文全体の統一を岡田がはかった。原著で引用されているラテン語原文は、やや煩瑣になることは覚悟のうえで、この本の性格にかんがみて、あえてこれを残した。訳語等には慎重を期したつもりだが、思わぬ過ちや誤解があるかもしれない。読者諸賢のご批判を賜りたい。

末尾になってしまったが、編集の労をとっていただいた竹内涼子さんに心よりお礼を申し上げたい。コロナ禍の状況で、残念ながらいちどもお目にかかることなく、連絡はもっぱら（不本意にも）メールのやり取りのみとなったのだが、順調に進めることができたのは、ひとえに竹内さんの心配りのおかげである。宣伝というわけではないが、かつて松井純とともにつくった思い入れのある『アガンベン読解』が、新たに増補版となって平凡社ライブラリーからほどなく復活できる道を拓いていただいたのもまた、竹内さんである。ありがとうございます。

訳者を代表して　岡田温司

二〇二一年八月

ハ行

マ行

ヤ行

ラ行

人名索引

1. 原著にはないが、日本の読者に鑑み、人名索引を付す。
2. イタリック体の数字は「異端者としてのアガンベン――訳者あとがきに代えて」中の頁を示す。

[著者]
ジョルジョ・アガンベン（Giorgio Agamben）
1942年生まれ。パリ国際哲学学院，ヴェローナ大学などで教鞭をとった。哲学・美学。邦訳書に『中味のない人間』（1970。数字は原著刊行年，以下同），『ホモ・サケル』（1995），『イタリア的カテゴリー』（1996），『アウシュヴィッツの残りのもの』（1998），『残りの時』（2000），『例外状態』（2003），『思考の潜勢力』（2005），『王国と栄光』（2007），『いと高き貧しさ』（2011），『オプス・デイ』（2012），『身体の使用』（2014），『私たちはどこにいるのか』（2020）など多数。

[訳者]
岡田温司（おかだ・あつし）
1954年生まれ。京都大学名誉教授。京都精華大学大学院特任教授。西洋美術史。著書に『もうひとつのルネサンス』『芸術と生政治』『フロイトのイタリア』（以上，平凡社），『ルネサンスの美人論』『カラヴァッジョ鑑』（編著），『モランディとその時代』（以上，人文書院），『ミメーシスを超えて』（勁草書房），『イタリア現代思想への招待』（講談社選書メチエ），『肖像のエニグマ』（岩波書店）など。訳書にロンギ『芸術論叢』全2巻（監訳，中央公論美術出版），アガンベン『スタンツェ』（ちくま学芸文庫），『裸性』（共訳，平凡社），『書斎の自画像』（月曜社），ペルニオーラ『エニグマ』（共訳，ありな書房）など。

多賀健太郎（たが・けんたろう）
1974年生まれ。大阪大学大学院人間科学研究科博士後期課程単位取得退学。哲学。訳書に，フィレンツオーラ『女性の美しさについて』（共編訳，ありな書房），アガンベン『中味のない人間』（共訳，人文書院），『開かれ』（共訳，平凡社），ヴィリリオ『自殺へ向かう世界』（共訳，NTT出版），『フロイト全集 第8巻 機知』（共訳，岩波書店），マラッツィ『現代経済の大転換』（青土社），ヴァッティモ『透明なる社会』（平凡社），パニッツァ『犯罪精神病』（共訳，平凡社）など。

王国と楽園

2021年11月10日　初版第1刷発行

著　者　ジョルジョ・アガンベン
訳　者　岡田温司　多賀健太郎
発行者　下中美都
発行所　株式会社 平凡社
〒101-0051　東京都千代田区神田神保町3-29
電話　03-3230-6579（編集）
03-3230-6573（営業）
振替　00180-0-29639

装幀者　間村俊一
印　刷　株式会社東京印書館
製　本　大口製本印刷株式会社

平凡社ホームページ　https://www.heibonsha.co.jp/
落丁・乱丁本は小社読者サービス係までお送りください（送料小社負担）。
ISBN978-4-582-70348-1　C0016
NDC分類番号191　四六判（19.4cm）　総ページ200